Na mesa,
ninguém envelhece

José Antonio Pinheiro Machado

Na mesa, ninguém envelhece

www.lpm.com.br
L&PM POCKET

Coleção **L&PM** Pocket, vol. 389

Primeira edição na Coleção **L&PM** POCKET: outubro de 2004

Capa: Marco Cena
Editoração: Jó Saldanha
Revisão: Jó Saldanha e Renato Deitos

ISBN 85.254.1405-0

P654n Pinheiro Machado, José Antonio, 1949-
Na mesa ninguém envelhece / José Antonio Pinheiro Machado. -- Porto Alegre: L&PM, 2004.
168 p. ; 18 cm -- (Coleção L&PM Pocket)

1. Literatura brasileira-Crônicas. 2.Machado, José Antonio Pinheiro Machado. I. Título. II. Série.

CDD 869.98
CDU 821.134.3(81)-94

Catalogação elaborada por Izabel A. Merlo, CRB 10/329

Porto Alegre: Rua Comendador Coruja, 314, loja 9 - 90220-180
Floresta - RS / Fone: (0xx51) 3225.5777
informações e pedidos: info@lpm.com.br
www.lpm.com.br

Impresso no Brasil
Primavera de 2004

"...nós também (ainda que ninguém saiba) somos filhos de reis abandonados à margem do caminho da vida."
Ricardo Piglia

"Aproveite, Mestre! Na mesa, ninguém envelhece!"
Almirante Vasco Marques

Sumário

Devorando livros

Escrever é fácil, ou é impossível, disse Victor Hugo, encerrando a questão. Ou, talvez, abrindo uma polêmica inesgotável, porque, depois de colocar no papel aquilo que Mário Vargas Llosa chamava de *magma*, a idéia bruta, o diamante por lapidar, ou quem sabe o bloco de mármore a ser desgastado a martelo para virar uma *Pietà*, começa o trabalho paciente da ourivesaria, para dar forma e brilho ao texto. Sejam os versos de Dante Alighieri sobre o relato da descida ao Inferno ou, no mesmo plano, como me atrevo a acreditar, descrever os complexos procedimentos de certos suflês: não é uma ironia desrespeitosa dizer que, para os dois casos, é preciso o trabalho de narradores experimentados.

Dante e dona Mimi Moro, de certa forma, fazem parte da mesma turma. Não é fácil escrever sobre culinária, seja um texto de memórias da boa mesa ou o passo-a-passo de uma receita. Muitas complexidades que Dante encontrou ao redigir a *Divina*

Comédia aparecem à beira do fogão. As três qualidades prescritas por Pulitzer para o bom redator de jornal são indispensáveis tanto para a descida ao Inferno como também para a receita do arroz de leite: *"Precisão, precisão e precisão"*. E, quem sabe, também uma certa graça, pequenas surpresas, algum estilo e, sobretudo, simplicidade, como fica bem evidente na lição inesquecível de Paoustovski, no seu infelizmente esquecido *Critique*:

"Uma comparação deve ser precisa como uma régua de cálculo e natural como o perfume do feno. Sim, esqueci de dizer que, antes de eliminar as escórias verbais, divido o texto em frases ligeiras. O mais possível de pontos! Essa é uma regra que incorporaria em lei do Estado, para uso dos escritores. Cada frase corresponde a um pensamento, a uma imagem, não mais. Assim, não tenha medo dos pontos. Talvez minhas frases sejam muito curtas. Isso se explica, em parte, pela minha asma. (...) Esforço-me para banir do manuscrito quase todos os particípios e gerúndios, e não deixo senão os mais indispensáveis. Os particípios tornam a língua angulosa, sombria, e matam a melodia. Rangem como carroças que rodam sobre um piso de pedras. Empregar três particípios numa frase leva à morte do estilo... O gerúndio é, apesar de tudo, mais ligeiro do que o particípio. Confere, às vezes, à língua algo de aéreo. Mas o abuso do gerúndio a torna flácida e esganiçante.

Considero que o substantivo não exige senão um adjetivo, o melhor escolhido. Só um gênio pode se permitir dois adjetivos para o mesmo substantivo. Em prosa, o traço deve ser firme e nítido como uma gravura".

Todos esses conselhos são indispensáveis também para redigir uma receita. Por isso não compreendo porque muitos críticos tratam a boa mesa como categoria literária de gosto duvidoso, que exigiria habilidade menor. Os críticos, você sabe, são pessoas que assistem às batalhas do alto das colinas; quando as batalhas terminam, eles descem e atiram nos feridos.

Talvez por ser obra de um crítico que não atira nos feridos, e não por ser uma gentil mulher, gostei tanto do livro de Anne Fadiman, *Ex-libris – confissões de uma leitora comum*. Ela também não assiste às batalhas do alto das colinas. Escreveu, com paixão, um livro sobre a paixão dos livros, que Jorge Zahar Editor teve a delicadeza de oferecer aos leitores brasileiros numa edição primorosa. O texto – ao mesmo tempo erudito e despretensioso, elegante e engraçado –, de tão bom, dá vontade de devorar, no sentido figurado, esclareça-se, já que falei em textos sobre culinária.

Como se não bastasse, é impresso em letras de cor sépia, sobre papel creme, em páginas cheias de firulas. Tudo isso envolvido por uma capa atraente. O projeto gráfico é irresistível, a edição é tão bonita, tão apetecível, tão perfeita que me deu vontade de devorar o livro – aí sim, no sentido literal.

Claro que me reprimi, e consegui adiar esse desejo insólito (embora justificado), pelo menos até o final da leitura. Senti culpa e desconforto pelo apetite inesperado, mas tive uma esperança: não seria uma forma de unir o gosto pelos livros com a culinária?

Ao chegar à página 99 de *Ex-libris*, entretanto, minha culpa se desfez. Num capítulo saboroso (do ponto de vista da leitura), intitulado *Glutão literário*, Anne revela que seu filho não podia ver livros por perto que começava a mastigá-los. É verdade que ele tinha apenas oito meses na época. Mas o grande livreiro A. S. W. Rosenbach denunciou que muitos exemplares das primeiras edições de *Alice no País das Maravilhas* foram comidos pelos leitores. E um importante editor do *Wall Street Journal* é conhecido por rasgar páginas do dicionário da redação: transforma-as em bolinhas e come-as, como se fossem canapés, durante o trabalho. Mesmo assim, apesar desses precedentes encorajadores, não comi *Ex-libris* depois de lê-lo: vou emprestá-lo a uma amiga que devora livros apenas no sentido figurado, mastigando-os com seus olhos azuis.

O MOLHO BECHAMEL E O VELHO OESTE

No filme *Três dias do Condor*, de Sidney Pollack, o personagem de Robert Redford (o "Condor"), agente da CIA, foge desesperadamente da própria CIA, que tenta matá-lo. As peripécias para salvar a vida incluem o seqüestro da dona de um jipe que será usado para escapar, que casualmente é a Faye Dunaway, no papel de Kate, uma fotógrafa distraída. Claro que a refém se converte em aliada apaixonada, logo na primeira noite dos três dias do Condor. No terceiro dia, quando eles conseguem se salvar, correndo com o jipe pela ponte do Brooklin, Kate, a ex-refém, pergunta:

– Você confia em mim? Você acredita que eu quero ajudá-lo?

– Confiar?! Acreditar?! – diz o Condor Redford, surpreso. – Desculpe, eu trabalho no ramo da suspeita.

Confiar e acreditar são exercícios árduos, porque implicam distinguir o que *é* do que *parece ser*. De algum modo, todos têm a perplexidade do Condor: Kate se apaixonou mesmo e quer ajudar, ou apenas está se fazendo?

Essa dúvida, que fica sem resposta no filme de Pollack, é a questão central de um outro filme, *O homem que matou o facínora*, um clássico imortal de John Ford que trata justamente do conflito entre a verdade e a versão. O grande momento do filme de Ford vem por intermédio de um velho jornalista que, como seguidamente ocorre na vida, é um personagem menor com uma fala decisiva:

– Estamos no Oeste. Aqui, quando a versão é melhor do que a verdade, nós publicamos a versão.

No filme, tudo é versão. A história é um longo *flash back* sobre a versão de Rance Stoddard (o personagem de James Stewart) em relação à morte de um bandido. A versão dos fatos levou Rance à glória e ao Senado dos Estados Unidos. No final, por melhor que seja a sua versão, inclusive tornando mais malvado o bandido Liberty Valance (Lee Marvin) e mais nobre e digno o mocinho vivido por John Wayne, Rance se vê frente a frente com um jovem repórter do *Shinbone Star* que exige "a verdade". Rance confessa a verdade que destruirá sua vida política, construída sobre uma versão heróica, muito mais elegante e encantadora do que a realidade dos fatos (não foi ele quem matou o terrível Valance, ele não sabia atirar) – e baixa a cabeça. Então, o dono do jornal, um veterano jornalista, interrompe a entrevista, rasga as anotações do repórter e diz a frase célebre: "...quando a versão é melhor do que a verdade, nós publicamos a versão" – que não tem nada de cinismo; há circunstâncias em que a versão vale a pena, e é preciso escolher o que *parece ser*.

Cinismo é subestimar que a versão – mesmo em prejuízo da "dura verdade", da "realidade dos fatos" – pode ser o caminho para chegar ao que é essencial, ao que efetivamente importa.

Ter a coragem – ou a desfaçatez – de fazer essa escolha é útil até no mundo da culinária. Não deixa de ser uma questão para alguns cozinheiros que se apegam à "verdade" de uma receita, defendida com rigor inquisitorial. Tenho amigos que parecem cardeais da cozinha clássica: diante de qualquer inovação ou adaptação do baixo clero, lançam olhares de reprovação severa, acompanhados de suspeitas do tipo "isso aí não tem nada a ver com o verdadeiro *bernaise*".

Anonymus Gourmet viveu o dilema, à beira do fogão, na preparação de um jantar em que se atreveu a desafiar as sagradas escrituras na preparação de um bechamel, o clássico molho branco. Para um molho bechamel suave e cremoso, as tábuas da lei exigem a obediência a algumas regras complicadas, que requerem atenção e muita prática do cozinheiro ao derreter a manteiga numa panela, num ponto certo, e, a seguir, colocar a farinha com vagar, fazendo um *roux*, cuidando para que a manteiga não escureça e para que a farinha não crie grumos etc. etc.

Ora, pensou Anonymus, sacudindo a cabeça, a maneira mais fácil de fazer o molho bechamel é bater no liquidificador meio litro de leite, cinqüenta gramas de manteiga e duas colheres bem cheias de farinha de trigo (e temperos, se você quiser), formando uma mistura homogênea, que é levada ao fogo baixo, mexendo bastante, até que cozinhe e engrosse. Fácil, fácil, e, para desgosto dos ortodoxos, fica consistente e aveludado, tão gostoso quanto o original. A versão fica tão boa quanto a receita original.

Anonymus, de certa forma, foi assombrado pelo dilema do *Homem que matou o facínora*. E, como o velho jornalista do filme, não vacilou em escolher a versão.

Biroscas gregas e cachorro-quente

Ivan, de repente me dei conta de que estou aqui em Paris, trinta anos depois da nossa primeira viagem, quando começaram a prender, sumir, atirar no mar etc. os companheiros do pai, e ele achou melhor nos mostrar os encantos da civilização. Lembra o Hotel Victoria (pronunciava-se "Victorriá"), o nosso velho sexto andar sem elevador, em Chatelet? Continua lá, tentei um lugar, mas estava *complet*. Para não frustrar a nostalgia, fiquei num irmão gêmeo do Victorriá, sem elevador, mas "muito limpo". Havia um belo quarto no segundo andar. Para a perplexidade do porteiro da noite, preferi a mansarda, no sexto andar. Pensei num amigo, o Nilson, que me cobra corridas e caminhadas higiênicas, como diria Eça, no calçadão da nossa Ipanema, do rio Guaíba – e menti ao porteiro que estou precisando fazer exercício, vim a Paris para entrar em forma: não tinha por que dizer àquele cavalheiro angolano que eu estava, na verdade, à procura de velhos fantasmas. Por falar neles, saí em busca de nossa gastronomia de dez dólares por dia, fui a uma antiga *boulangerie* da rua Jussieu, que era de duas senhoras de meia-idade, hoje elas são duas velhinhas, e ainda fazem uns sanduíches bem melhores que aqueles antigos torpedos que adorávamos nas biroscas gregas do Quartier Latin. Estava começando a nevar, e as velhinhas, sem querer, iluminaram caminhos esquecidos: me prepararam um cachorro-quente com queijo derretido, igual ao Pastor, que comíamos na esquina da Protásio com a rua do Magadan, em 1972. Pouco antes de viajarmos, houve aquela corrida de Fórmula 2 em Tarumã e, na véspera, apareceu lá, no Pastor da Protásio, o Ronnie Peterson, num Corcel GT, e surgiu a história do recorde: ele estava em Caxias, queria comer um cachorro-quente, disseram que o bom era em Porto Alegre, no Pastor da Protásio, e ele veio, serra abaixo, pela estrada velha, em sessenta minutos cravados. O Ronnie Peterson morreu, bem depois, num GP da Itália, mas o recorde Caxias-Porto Alegre, homologado por uma multa da polícia, segue imbatível. Comi o Pastor das velhinhas, numa baguete crocante, recém-saída do forno, aquela coisa: salsicha de Viena, mostarda de Dijon, queijo *gruyère* derretido, acompanhado por um cálice de Meursault... Sou obrigado a admitir: tecnicamente, muito superior ao Pastor da Protásio que encantou o Ronnie Peterson em 1972. A segunda má notícia é que a minha mansarda é mais confortável que o nosso quarto triplo do "Victorriá". Nada disso, no entanto, me abalou. Continuo fiel aos velhos fantasmas de três décadas atrás. Naquela época, além de tudo, nós éramos eternos.

Churrasco em Roma

O mercado dos sentidos é misterioso, mas é menos volátil do que o dólar. Há certas correspondências bem definidas. Uma imagem vale mil palavras. Mais vale um gosto do que três vinténs. Na verdade, um gosto vale muito mais do que três, ou três mil vinténs. Creio que não trocaria um gosto por mil palavras. Nem mesmo por mil imagens.

Não há sensação mais permanente do que o gosto. Os bifinhos que a vó Alda fazia. O peixe que comi no porto de Brindisi com o pai. O *spaghetti* daquela *trattoria* da via Margutta, rica massa de uma casa pobre, a serragem espalhada pelo chão, não havia toalhas nas mesas, mas, ainda que viva mil anos, não encontrarei outro molho de tomate igual. A *madeleine* de Proust, o gosto do biscoito delicado acompanhando o chá, não é literatura. Simenon tinha saudades dos gostos e aromas da infância, e fez o seu insuperável Comissário Maigret voltar à casa paterna, movido muito mais pela busca do cheiro do café recémpassado e das torradas do tempo de garoto do que pelo desejo de resolver um crime.

Lembro de um condenado à morte famoso, Caryl Chessman, o "bandido da luz vermelha", que conseguiu adiar por anos seu encontro com a câmara de gás. Éramos meninos e nos emocionava a obstinação daquele residente do corredor da morte, protestando inocência. Um dia, os recursos e pedidos de clemência se esgotaram, e o fim se tornou inadiável. Teve direito a uma última refeição, para o nosso espanto: comer antes de morrer? E regalou-se com um frango, imagina. Podia pedir o que quisesse, era uma concessão final, para amainar a impiedade da execução. Mas Chessman escolheu frango: era o que ele comia com seu pai, nos domingos da adolescência. Enquanto mastigava, decerto fechou os olhos, recuperando a lembrança de manhãs ensolaradas. O gosto de frango libertava-o por instantes do corredor da morte.

Nos anos de chumbo, quando nosso pai, depois de várias prisões, resolveu dar um tempo e levou a família para viver em segurança em Roma, tínhamos as melhores massas e molhos à disposição, mas que saudade do churrasco! Um dia, a mãe conseguiu feijão e charque, e não esquecerei nunca o sabor renascido. Comemos em silêncio, como se estivéssemos recuperando a identidade e a memória.

Macarrão da China e da Itália

Anonymus Gourmet, em seus almoços demorados, quando quer provocar os italianos – e à mesa há algum Ferrari, ou Perini, ou Ferruccio, ou qualquer outro sólido sobrenome peninsular –, diverte-se usando o florete de seu sarcasmo:

– Que eu saiba, existem apenas duas cozinhas no mundo: a chinesa e a francesa. As outras, a começar pelas comidas italianas, são meras variações – declara muito sério, e saboreia a indignação à sua volta.

Pode não ser verdade, mas, como dizem os alvos da provocação, é *ben trovato*. Por certo, a influência francesa, regendo um mundo vasto que abrange dos cardápios elaborados nos salões imperiais aos procedimentos simples das cozinhas de subúrbio, tem a correspondência equivalente na China, uma das cozinhas mais sofisticadas e mais antigas do mundo. É uma culinária que, a rigor, são várias, com desconcertantes diversidades regionais – desde a delicadeza dos pratos de cordeiro de Beijing, temperados com trigo, amendoim, milho e soja, passando pelos rolinhos primavera e os frutos do mar de Shangai, até o outro extremo que inclui abusos apimentados de Szenchwan e insólitos banquetes com carne de cachorro, gato e macaco de Guangdong, a versão culinária de Cantão, ao sul da China. Mas, unindo todas elas, há traços comuns: a vocação milenar de valorizar o que se come e, especialmente, a celebração ritual dos momentos de encontro à mesa. A etiqueta chinesa manda que os convivas sirvam uns aos outros e aconselha raspar o prato: deixar comida representa grande indelicadeza com o anfitrião. Todos comem sentados, servidos pela ordem: homens, mulheres, velhos e jovens. Copo vazio deve ser imediatamente enchido com bebida: é um gesto de respeito. E os cumprimentos ao cozinheiro são manifestados por metáforas ruidosas: é de estilo tomar sopa fazendo barulho. Isso significa um elogio, quer dizer que a refeição está muito boa.

Foi da China que veio o macarrão, no século 13, trazido para a Itália pelo mercador veneziano Marco Polo, o mesmo que trouxe para o Ocidente o sorvete – que também é invenção chinesa. Na mesa chinesa, uma boa massa não pode faltar, e as mais conhecidas são a *chop suey*, com legumes e carnes, e a *lo mein*, uma espécie de espaguete com pedaços de frango, porco, legumes e molho quente. Vamos combinar que nos restaurantes romanos há alternativas melhores: em matéria de massa, os italianos, do pesto ao molho bolonhesa, conseguiram resultados bem mais excitantes. Não há como negar que foi uma sorte Marco Polo ter trazido o macarrão para Veneza.

*

Por certo, foi uma sorte para o macarrão ter sido naturalizado italiano. Mas sorte para a Itália, também, porque lá o macarrão significa muito. É muito, mas não é tudo. Stendhal dizia, em 1817, que para entender o doce fascínio da Itália é preciso ir além da macarronada:

– Para eles, italianos, a nossa maravilhosa arte de manter distância das pessoas e incutir respeito nos outros não passa de um grande tédio.

Stendhal anotou que a regra italiana de convivência, à base da familiaridade e do calor humano, "ganha vigor diante das mulheres". D. H. Lawrence, que viajou longamente de trem pelo interior da Itália, chegou a ficar escandalizado com esse traço do caráter nacional:

– A forma lasciva com que os homens olham para as mulheres bonitas é impressionante – registrou Lawrence no seu livro *Twilight in Italy*. – Cada um deles pensa que é Adonis, e todos agem como se fossem Dom Juan. É extraordinário!

Aliás, o lendário Dom Juan, embora sua origem espanhola, se naturalizou Dom Giovanni, e ficou célebre numa ópera italiana: *"Don Juan – il dissoluto punito ossia Don Giovanni"*, libreto de Lorenzo da Ponte, com música de Mozart. A ópera, depois de estrear em Praga, em 1787, ajudou a sedimentar essa indiscutível primazia peninsular em relação ao "don juanismo", expressão que ganhou registro no *Larousse du XIX Siècle*. E a fala de Leporello, o criado de Dom Juan, em *Don Giovanni*, se tornou um clássico italiano:

– Madame, este caderno é um catálogo que contém a relação das mulheres seduzidas por Dom Juan, meu patrão, que se tornaram suas amantes. Na Itália, 640; na Alemanha, 231; 100 na França e 91 na Turquia; mas, na Espanha, elas já são 1.003! Entre elas, há camponesas, criadas, senhoras burguesas, condessas, baronesas, marquesas, princesas... Há mulheres de todas as classes sociais, de todas as estaturas e tipos, de todas as idades... Ele aprecia a gentileza das loiras, a constância das morenas, a doçura daquelas que começam a ganhar os primeiros cabelos brancos... No inverno, ele gosta de uma gordinha, e aprecia as mais magras nos dias quentes de verão... Gosta da majestade de uma mulher de grande estatura, mas não despreza o encanto de uma baixinha. Não se constrange sequer de conquistar as velhas mais charmosas para aumentar a lista. Mas a grande paixão dele, capaz de transtorná-lo, na verdade, é quando aparece uma jovem principiante: não lhe importa que seja rica, pobre, feia ou formosa. Desde que vista saia, pode saber antecipadamente o que ele quer...

A França e o judeu gaudério

Fernando Baril, um dos grandes pintores brasileiros, para nossa fortuna, tem ateliê na avenida Borges, em Porto Alegre. Baril costuma dedicar à cozinha a mesma combinação de audácia e técnica esmerada que emprega em suas telas soberbas. Tempos atrás, gravamos com ele dois programas de TV que mereceriam ser pendurados na parede, como quadros. No primeiro, ele preparou um espaguete com frutos do mar, cozido e servido no ambiente colorido do ateliê. Em cada um dos detalhes, da confecção do prato até a apresentação final, tudo se parecia a uma aula de pintura, o colorido do molho contrastando e combinando com as telas imensas que dominavam as paredes. No segundo programa, na minha cozinha, ele preparou um inesperado rocambole de nozes com doce de ovos moles, uma elaboração que tem tudo a ver com as superposições e saborosos exageros de sua pintura: o doce de nozes, em si mesmo um recheio de primeira classe, é recheado pelo doce mais exuberante já produzido em dez séculos de doçaria portuguesa. Lembrei desses amáveis excessos diante do quadro de metro e meio de altura que o Baril preparou para uma exposição sugestivamente chamada "Migrantes", realizada no inverno de 2004, no Margs – o Museu de Arte do Rio Grande do Sul –, comemorativa ao centenário da imigração judaica no Estado. Ele retrata a chegada de um religioso em terras gaudérias: na bagagem, traz a cultura judia, que, aos poucos, vai se mesclando com a encontrada no "novo mundo", tanto que se pode divisar na indumentária botas de peão e algo que pode lembrar uma boleadeira; ou estarei delirando?

Aquela mostra ocorreu de 1º de julho a 1º de agosto, cruzando por uma data que tem tudo a ver com a bem-vinda influência de outras nações: 14 de julho, a data nacional da França, que ainda é comemorada em Porto Alegre e que, no passado, chegou a ser feriado nacional no Brasil, acredite se quiser. Chegamos a fazer uma semana francesa no Bistrô do Forte, com receitas francesas preparadas com leve sotaque gaúcho. Para quem nasceu ontem, ou hoje de manhã, e acha que tudo isso é uma excentricidade do passado, ou uma reverência excessiva, é preciso lembrar que quase todas as nossas instituições, da divisão dos poderes ao Código Civil, passando pela nossa maneira de vestir e pelos nossos hábitos cotidianos à mesa, têm a marca da França. Essa influência trouxe consigo muito mais do que o pacote fechado de traços nacionais: somos donatários de uma gigantesca herança que mistura influências impostas e recebidas pelos franceses. Por certo eles invadiram territórios, almas e papilas alheias com os fuzis de Bonaparte, os versos de Victor Hugo e os sabores de Carême. Mas nenhum outro país se abriu tanto aos forasteiros, chegando a transformar sua Paris na capital mundial dos expatriados e dos sem-destino. Aprendemos com Paris a oferecer abrigo para estropiados que, como o migrante do quadro do Baril na exposição do Margs, tinham perdido tudo, até o próprio rosto.

O SOL DO MEDITERRÂNEO E A SAUDADE DO MINUANO

Num tempo em que tanto se fala, com justificados motivos, em sexo seguro, prevenção, saúde etc., Anonymus Gourmet, que acredita que "as precauções não podem ser restritas à cama":

– O cuidado com o que se come tem que ser levado também à mesa – disse ele, certa noite, com aquele toque de ambigüidade frívola que se permite durante o conhaque.

Homenageávamos madame Queiroz, que chegava do verão de Marbella, e Anonymus reiterou a sua prudência quando se trata de procurar um lugar para comer:

– Prefiro sempre optar pelos endereços já confirmados – disse ele, observando distraído o colar de pérolas negras que circundava o pescoço perfeito da nossa amiga.

Em seguida, lançou um olhar, que considerei carregado de significados, à madame Queiroz "como um todo": o bronzeado intenso da pele sedosa contrastando com o vestido, um legítimo Givenchy amarelo. Depois do sol do Mediterrâneo, de onde mandou um cartão-postal confessando saudades do minuano, ali estava ela, uma espécie de metáfora resplandecente a confirmar o gosto de Anonymus Gourmet, em todos os terrenos, por "endereços conhecidos". Anonymus prefere a aventura no cinema, na TV, em horas tardias, ou em alguns contos de terror de H. P. Lovecraft. Na mesa, busca certezas. O inesperado fica para depois da sobremesa. Recusa-se a fazer do jantar uma jornada de ação e mistério. Mas reconhece que existem espíritos desbravadores que adoram sair à procura das surpresas de uma mesa desconhecida:

– É aquela incontrolável curiosidade por novidades que leva alguns a espiar pelos buracos das fechaduras e a outros, como Cristóvão Colombo, a descobrir a América – admite filosoficamente.

Em plena era do DNA e do celular clonado, entretanto, não há mistérios nem continentes a desvendar, e o buraco da fechadura foi substituído por um cartão magnético.

Quem sabe uma expedição em busca de um novo restaurante para dar um pouco de aventura à vida?

Emoção e adrenalina no prato do dia. A ânsia indomável dos velhos navegadores, convertida no desejo modesto, mas fremente, de enfrentar rins inescrutáveis e picadinhos sem biografia, servidos por garçons nunca vistos. A busca de horizontes diferentes, onde tudo seja possível: desde toalhas de outras cores até damas inesperadas a espreitar de mesas vizinhas. Mas os restaurantes nunca dantes freqüentados são, para Anonymus Gourmet, abismos sombrios e insondáveis, habitados por garçons de humor incerto e cozinheiros de talento duvidoso. Quem parte para a aventura, diz ele, com sua prudência educada pela adversidade, deve estar preparado para tudo. Inclusive para cenas assombrosas de monstros marinhos emergindo fumegantes do prato de sopa.

O QUE HÁ COM PARIS?

O Alegrete é aquela cidade do Rio Grande do Sul designada com artigo masculino onde nasceu Oswaldo Aranha. Conta-se que havia um imenso cartaz na entrada da cidade: "Alegrete, terra de grandes homens" – e algum fervoroso adepto pichou embaixo o tributo extremado: "...mas nenhum maior do que Oswaldo Aranha!". Isso, apesar do Mario Quintana, do Sérgio Faraco, dos Fagundes, do Afonso Motta e de tantos outros nativos que, embora sem terem presidido a Assembléia Geral da ONU, têm deixado marcas importantes por onde andam. Pois foi esse ente poderoso, o Alegrete, sob o comando sereno do Afonso Motta, que de certa forma capitaneou as comemorações da exposição de pinturas do meu irmão Ivan, na Galeria Debret, em Paris, num junho cálido, de céu azul, do azul lavado pela chuva, como no verso de Paulo Mendes Campos.

Às dez da noite, no Al Kazar, ainda com sol intenso e mais de trinta graus de temperatura lá fora, *épaule d'agneau* foi um dos pratos que brilharam no jantar. Ora, *épaule d'agneau* nada mais é do que a nossa conhecida paleta de ovelha, e, por isso, a ala alegretense não disfarçava um sentimento próximo ao do almirante Nélson quando impôs a Bonaparte a derrota emblemática. Costelas gordas e paletas de gordura marmorizada pareciam abrir caminho na capital mundial da gastronomia.

De qualquer modo, estavam ali os ingredientes de uma noite histórica: paleta de ovelha, num grupo de brasileiros, reunido num restaurante de origem árabe, para comemorar a vernissage de um porto-alegrense na galeria Debret? A notícia seria recebida com entusiasmo nos pampas: "Noite brasileira na França, com exposição de arte e ovelha assada no forno". Por certo que o encontro foi animado por um soberbo vinho de Graves, e havia um sobrenome Eichenberg (com visto de permanência e licença de trabalho) à mesa. Mas se aquele outro alegretense ilustre, Oswaldo Aranha, estivesse presente, certamente perguntaria: "O que há com Paris?".

"O que há" é simples e terrível: há uma crise. O alarme começa pelos guias de restaurantes e de vinhos, que sempre foram para os franceses verdadeiras bíblias. Os críticos responsáveis por esses guias pareciam profetas que emitiam sentenças irrecorríveis, capazes de liquidar ou levar à glória um restaurante ou um vinho. Virou lenda a história do chefe de cozinha que se suicidou quando soube que seu restaurante perdera uma estrela numa dessas bíblias que os turistas carregam embaixo do braço. Pois justamente naquele dia remoto da primavera da exposição do Ivan, Paris acompanhava estarrecida uma enxurrada de debates e denúncias em relação à seriedade e à objetividade de um dos seus mais famosos guias de restaurantes. Enquanto isso, como se não bastasse, os jornais davam conta de outro escândalo: um dos mais, se não o mais, respeitados de todos os críticos de vinho estava sendo acusado de manipular o mercado francês, favorecendo certas vinícolas com suas opiniões.

Afora essas questões de credibilidade de seus guias e críticos, o país, pela primeira vez, via seus vinhos com problemas de mercado: "A maior crise da história do vinho francês" – era o tom das matérias do *Independent* e de outros jornais ingleses (sempre muito atentos às desventuras da França). Curiosa crise em que a qualidade aumenta, a quantidade também, mas o mercado se estreita. Os vinhos franceses perderam a competitividade, são caros e não têm apelo – dizem os ingleses e o mercado há alguns anos. E parece que é verdade: não há mais lugar na França para armazenar vinhos de sonho, das denominações de origem mais sonoras e apetecíveis, que jazem encalhados, sem compradores. Os vinhos do Novo Mundo (leia-se Chile, Argentina, e também Estados Unidos (Califórnia e Oregon), África do Sul, Uruguai, Israel...) e os novos italianos e espanhóis, com qualidade extraordinária e preços sensacionais, estão derrubando a França. É comovente ver na região de Bordeaux, na Bourgogne e em outra menos votadas, bravos produtores que não capitulam. Eles controlam alguns dos melhores vinhos do mundo, legatários de tradições familiares seculares, e resistem heroicamente a esse furacão do mercado. Acreditam que suas garrafas não são *comodities* e têm uma vocação mais próxima da joalheria do que do armazém de secos e molhados.

Em resumo e em bom português, tudo levava a crer, para nós que comíamos um prato alegretense, num honrado restaurante de origem árabe, que a alta gastronomia francesa não era mais aquela.

Como se não bastasse, alguém na mesa mencionou, durante os licores, pesquisa também publicada por aqueles dias ensolarados em Paris, que apontava índices alarmantes de colesterol e obesidade na França. O impacto dessa novidade era notável, porque a França sempre se orgulhou da saúde de sua população, apesar de sua mesa tradicionalmente rica em gorduras de queijos, molhos e patês. Os cientistas sempre explicaram que as saladas, azeite de oliva e vinho equilibravam a dieta, criando o chamado "paradoxo francês".

E agora? O que explicaria essa nova pesquisa? O motivo seria a invasão do *fast-food*, lanches rápidos e gordurosos, regados a muito refrigerante – tudo inspiração norte-americana. E, por isso, os jornais franceses acusavam os Estados Unidos. Anonymus Gourmet ficou aliviado: o Alegrete – com suas costelas gordas e paletas de gordura marmorizada – está inocente.

Banquetes dietéticos e prostitutas britânicas

Anonymus Gourmet tem uma atitude de irritação exaltada contra o que ele chama de "direitismo *diet*". Entretanto, para usar uma frase do dr. Brizola, sou jovem há mais tempo, e por isso aprendi a ser um radical da cautela. Sou obrigado a reconhecer que os perigos não estão apenas à direita.

As celebrações da gula e dos prazeres demorados da boa mesa têm inimigos jurados à esquerda e à direita. À esquerda, nessa classificação gastro-política, digamos assim, estão os amantes do *fast-food* ou daqueles objetos cozidos não-identificados que chegam à mesa cheios de pretensão e cobertos por uma espessa manta de molho branco e queijo ralado capaz de sepultar sua sensaboria, para usar a bela expressão de Ramalho Ortigão. São os comilões sem critério, onívoros, que devoram ou traçam o que vier – bastante e rápido, de preferência – e se orgulham de proclamar que "têm pouco tempo para comer". Estacionam numa mesa, ou num balcão, como um carro que pára num posto de gasolina para encher o tanque.

À direita, estão os, digamos assim, magros profissionais, os quais se dedicam ao novo ofício do novo século: malhação e suplícios olímpicos em horário integral, para manter a silhueta delgada a qualquer custo. Considerar "profissionais" esses operários da boa forma, na verdade, é um ato de justiça. O programa deles não é para amadores: horas e horas de corridas que não vão a parte alguma, musculação, aeróbica, lipoaspiração, cirurgias plásticas, massagens, saunas etc., além de restrições monásticas a qualquer excesso de comida ou bebida. Por certo que um sacerdócio medieval não exigiria provações e privações tão dolorosas. É um sombrio mundo *diet,* onde academias de ginástica substituem campos de concentração e, no qual, os quilos a mais significam virtudes a menos. O ponteiro da balança, com sua ponta acusadora, substituiu os inquisidores medievais e os sacerdotes esquálidos que brandiam seus braços descarnados, ameaçando com o fogo dos infernos a quem sucumbisse à gula e excedesse sua porção de pão escuro e sopa rala. A fúria dos sacerdotes tem sua reencarnação contemporânea na filosofia aeróbica das divindades do mundo *diet.* Os livros de malhação, os manuais de emagrecimento rápido e as enciclopédias de receitas sem calorias conquistaram estatura bíblica.

Anonymus Gourmet não exagera. São tempos de banquetes dietéticos, do culto às restrições à mesa, das orgias gastronômicas sem colesterol, das cervejas sem álcool, das vinhaças de quatro cálices por semana. Nessa paisagem, é inevitável lembrar James Beard, quando escreveu que o gourmet que conta calorias é como uma prostituta a olhar o relógio durante seus afazeres. Imagino que seja uma prostituta britânica, cautelosa para que tudo ocorra com a pontualidade devida.

A Lei do Churrasco e o Decreto da Pizza

Não sei se vai ficar na História, mas por algum tempo ninguém vai esquecer desta pequena história: certo dia, a Assembléia Legislativa do Rio Grande do Sul aprovou uma lei regulamentando o churrasco, inclusive com a estipulação em artigos e incisos dos instrumentos e pertences legalmente aceitáveis para a prática doméstica ou comercial do assado gaúcho – do espeto ao sal grosso.

Opções de sotaque castelhano como a grelha e o sal fino ficaram tacitamente excluídas pelo silêncio legislativo, e inclinações suspeitas, como sal temperado com ervas, por pouco não foram objetos de sanções severas. Esse zelo possessivo parece tardio. O churrasco deixou de ser uma especialidade regional dos gaúchos e há muito tempo bateu a feijoada como principal item da mesa brasileira.

De qualquer forma, cada rio-grandense continua a se considerar um assador. Apesar disso, ou talvez por isso mesmo, os gaúchos receberam a Lei do Churrasco com desconforto. Há por certo a questão da vaidade ferida: ninguém ensina um gaúcho a fazer churrasco – nem mesmo um deputado, o que é que eles estão pensando? Mas também houve uma surpresa com o tipo de preocupação que ocupa o tempo dos deputados.

As reações se dividiram entre a ira e a ironia. Os colunistas e os gaiatos tiveram fartura de assunto na época da aprovação da Lei. Na *Zero Hora*, José Barrionuevo escreveu com sarcasmo que surgiam em represália à nova lei, "os primeiros rumores da formação da Frente de Libertação do Mocotó", e Rogério Mendelski, colunista de *O Sul*, detectava indícios de uma poderosa Liga de Defesa do Carreteiro, "já buscando alianças táticas com os apreciadores do Arroz de Jaguari". Enquanto isso, o Radicci, personagem do jornal *O Pioneiro*, de Caxias do Sul, divertia-se ameaçando descer a Serra "desfraldando a bandeira gloriosa do galeto com polenta".

No Rio Grande do Sul, adoramos churrasco e temos a pretensão de fazê-lo muito bem, é claro. Quem não é assador tem um por perto: o Luis Fernando Verissimo, precavido, já que não assa, teve o cuidado de buscar no Rio de Janeiro uma assadora, e casou com ela. Essa vocação cívica para o assado, entretanto, convive com um sentimento contraditório. Alguns de nós outros, meridionais que trabalhamos e/ou nos divertimos com a comida e a boa mesa, temos a pretensão de provar ao Brasil e, vá lá, ao mundo, que a culinária da antiga República de Piratini vai muito além do churrasco. A tal lei funciona como um tiro no pé. Oficializando o churrasco como fato central do cardápio gaúcho, ficam desconsideradas nossas ricas influências portuguesas, castelhanas, italianas, alemãs, africanas, judias, entre outras. Na verdade, não é pouca coisa. Transita pelas cozinhas da Campanha, da Serra, do Planalto, do Litoral, das Missões e pelos fogões mais remotos do Pampa um repertório inesgotável de receitas, dicas e princípios de uma culinária que mistura e sintetiza influências distantes: o carreteiro de costelinha, o arroz com galinha, o espinhaço de ovelha, o sopão, o matambre e o vazio recheados, os doces de Pelotas, a anchova de Rio Grande, as massas da Serra, a sopa de aipim, o charque desfiado com moranga...

Além de esquecer essa riqueza imensa, a tal lei ainda determina que somente um tipo de churrasco será aceito: com sal grosso, sem qualquer outro tempero, feito de forma manual, numa evidente alfinetada à tecnologia do espeto giratório, que fica tacitamente condenado. Em Caçapava do Sul, certa vez, me serviram um vazio, temperado com ervas, de sabor extraordinário, feito assim, em espeto giratório. Em Bagé, lembro de uma costela acebolada inesquecível; o matambre recheado se vê por toda parte; fizemos na TV a picanha do avesso; o lombinho com queijo é iguaria indispensável de qualquer churrascaria gaúcha; e o que dizer das costelas especiais feitas nos "costelódromos" do Grêmio Náutico Gaúcho e do Sarandi? Como dizia Oswaldo Aranha (que adorava picanha alho e óleo), o Rio Grande é feito de diversidades e parcialidades irreconciliáveis. É preciso cuidado com a tentação de padronizar.

*

Não se sabe se foi influência do precedente gaúcho, mas o Ministério da Agricultura da Itália adotou procedimento semelhante e decidiu regulamentar a pizza napolitana, com normas oficiais para o tamanho e os ingredientes, incluindo especificações sobre o tipo de farinha de trigo, o fermento, os tomates e o óleo.

O decreto publicado no *Diário Oficial* italiano estabeleceu que "a textura precisa ser macia e elástica". As autoridades garantiram que não pretendiam limitar a criatividade de ninguém. O objetivo seria ajudar a colossal indústria do turismo italiano. Os restaurantes que respeitassem as regras oficiais receberiam um selo, a ser afixado na porta, garantindo que aquele estabelecimento produz a verdadeira pizza napolitana. E o turista voltaria para casa feliz da vida, certo de que comeu, digamos assim, uma pizza oficial.

Essa decisão de regulamentar a pizza, claro que o tempo condena à rotina e ao esquecimento, mas, pelo menos nos primeiros dias, causou polêmica no mundo inteiro. A começar pela Itália. Um jornal milanês advertiu que a pizza "hoje é um prato que não tem mais país, fronteiras ou bandeira". E tem razão. Assim como o cachorro-quente foi a comida internacional dos anos 1950/1960, a pizza, desde os anos 1970, se tornou o alimento favorito do mundo. Até na China as pizzarias começaram a surgir nas esquinas. E os motivos dessa preferência universal são evidentes. Não existe refeição tão versátil e tão bem-vinda quanto uma boa pizza. Ela entra em todas as ocasiões: substitui jantares, serve de tira-gosto improvisado, lanche para a garotada e, com a mesma desenvoltura, consegue ser estrela na mesa do restaurante mais chique e no balcão do boteco mais simples.

Uma reputação construída através dos séculos: estamos falando de um dos alimentos mais antigos de que se tem conhecimento. No começo dos tempos, egípcios e gregos criaram formas rudimentares do que viria a ser a pizza como a conhecemos hoje. Mas foram os italianos que deram prestígio mundial à essa invenção do mundo antigo – e todos concordam com isso. O que ninguém esperava é que eles tivessem a pretensão de regulamentá-la. O decreto reconhece como verdadeiras apenas três variedades: a "marinara" (com alho e orégano), a "marguerita" (com manjericão e mozarela) e a "extra-marguerita" (que acrescenta tomates frescos). Ora, qualquer pizzaria brasileira oferece mais de uma dezena de sabores, incluindo doces, como goiabada, doce de leite e fios de ovos. Muitos paulistanos, quando viajam à Itália, ficam decepcionados e saudosos da "verdadeira pizza" que comem em qualquer esquina de sua cidade natal. O esforço italiano para tutelar a pizza e a lei gaúcha do churrasco têm algo em comum: se parecem com a ingênua aflição do pai que vê o filho ou a filha chegando à idade adulta e saindo de casa, para o mundo. São atos de amor, e também de desespero.

O conde russo e o rei do Egito

No terceiro chope, Romualdo, velho amigo de madame Queiroz, se tornou nostálgico. Começaram as memórias do tempo em que ele trabalhava como cozinheiro, num bar do Rio de Janeiro. E, inesperadamente, atirou ali, em cima da mesa, na nossa cara, a invenção do estrogonofe. Tudo começou certa noite, quando, de repente, entrou bar adentro o rei do Egito, que estava passando o carnaval no Rio. Tinha fome e queria um prato diferente. Romualdo, então, esquentou um picadinho que já estava pronto, acrescentou cogumelos, creme de leite, um pouco de catchup, um copo de vinho branco e serviu, acompanhado de arroz e batata palha.

O rei ficou maravilhado, devorou o prato e quis saber o nome. Romualdo pensou um pouco, riu, eh! eh!, disse que se chamava *strogonoff* e ainda explicou que se tratava de um prato russo! E foi assim que Romualdo inventou o estrogonofe, numa noite de carnaval no Rio de Janeiro.

Impressionante o número de versões para a origem de um único prato. Poucas receitas conquistaram tanto sucesso, em tantos países, com tantas grafias: *strogonoff*, *stroganov*, estrogonofe. Na verdade, é o reconhecimento a uma combinação perfeita: um picadinho bem temperado, cogumelos e creme de leite! Mundialmente conhecido, o estrogonofe tem origem polêmica. O *Larousse Gastronomique* diverge da versão de Romualdo, e diz que é um prato da "cozinha tradicional russa", que invadiu a Europa a partir do século 18. Outra versão fala num concurso culinário que aconteceu em São Petersburgo, na Rússia, em 1890. A receita teria sido criada por um dos cozinheiros do conde Pavel Stroganov, membro de uma das mais importantes famílias russas da época. A receita do tal cozinheiro do conde é semelhante à do *Larousse* e não difere muito da mistura de Romualdo: prevê a combinação de carne, cogumelos e creme de leite. Com o passar do tempo, explicam os adeptos da história do cozinheiro do conde, a receita foi se modificando e novos ingredientes, como o molho inglês, catchup, páprica, foram incorporados.

Atualmente, há estrogonofes por toda parte, com ingredientes variados. Na verdade, qualquer prato ensopado com cogumelos e creme de leite usa esse nome. Mesmo assim, um estrogonofe de sucesso tem, pelo menos, três segredos: primeiro, é preciso escolher bons ingredientes; segundo, jamais deixar ferver a mistura depois de agregar o creme de leite; terceiro, é indispensável dar um toque pessoal à receita. O cozinheiro deve lembrar que esse prato se tornou um clássico da cozinha de botequim porque, mais do que uma receita, é uma legenda. Rei do Egito... Conde russo... Talvez nada disso seja verdade. Mas o sabor não mente: com arroz e batata palha, não há como subestimar essas versões.

A FOGUEIRA DO MEU PAI

Chaves é uma cidade portuguesa na fronteira com a Espanha, e a ponte de pedra que os romanos construíram, dois mil anos atrás, está lá, firme. Nossa passagem pela velha ponte, no mês passado, coincidiu com manchetes de indignação dos jornais de Lisboa sobre outra ponte, bem mais jovem. O clamor era contra uma decisão judicial que absolvera autoridades e engenheiros pelo desabamento dessa outra ponte. Apesar de bem mais moderna e, com certeza, tecnologicamente mais avançada do que a de Chaves, ela veio abaixo, matando dezenas de pessoas. "Causas naturais e esforços não previstos pelos construtores" foram os motivos do magistrado para perdoar as autoridades e os construtores da ponte que ruiu.

Por merecimento, aqueles romanos que projetaram e ergueram a ponte de Chaves deveriam receber medalhas póstumas. O que dizer de uma obra de engenharia que suportou, durante dois mil anos, "causas naturais e esforços não previstos pelos construtores", tipo enxurradas e tempestades, guerras e tiroteios, para não falar no bombardeio diário, das últimas décadas, de automóveis e caminhões de todos os tamanhos? Nada disso conseguiu abalar uma só de suas pedras.

Mesmo assim, tenho um amigo que fica com pena dos homens de antigamente. Ele se comove, piedoso, pela precariedade com que viviam e trabalhavam, sem internet, sem celular, sem processador de textos: "Não tinham sequer máquinas de calcular!" – arregala os olhos, horrorizado.

Ao contrário, eu fico com pena é de nós, pobres habitantes do futuro. Observem, por exemplo, nossas cozinhas: em vez de alma, elas têm manuais de instruções. Estamos cercados por fogões eletrônicos de última geração, *freezers* computadorizados, fornos de microondas, processadores de alimentos com sensores digitais, panelas com antiaderentes. Às vezes me sinto fritando um bife num laboratório da Nasa. E, no entanto, ficamos em busca de antigos sabores, receitas que a vovó esqueceu em cadernos amarelados. Somos órfãos de um tempo em que as galinhas comiam milho, ciscavam e davam bom caldo. Os peixes vinham frescos para a mesa, depois da pescaria em águas cristalinas. Lembro do dia, não muito longínquo, em que meu irmão foi à Expointer apresentar o meu sobrinho para uma vaca. Um vizinho aqui do bairro não teve o mesmo cuidado e o filho pequeno tem absoluta certeza de que a origem do leite são aquelas caixinhas compradas no supermercado.

Quando cruzei a passo a velha ponte de Chaves, percorrendo o mesmo caminho de homens de dois mil anos atrás, olhei para as águas que correm por baixo daquelas pedras eternas e lembrei do meu pai nos ensinando a fazer uma boa fogueira. Foi uma das tantas coisas que aprendemos com ele, e que não se encontra na internet.

O ALMIRANTE DA BOA MESA

Deve ser aquele cara lá, de cabelo branco – me disse a diretora Ciça Kramer, no aeroporto de Lisboa. Estávamos chegando do Brasil, cheios de malas, tentando identificar o nosso guia.

Sacudi a cabeça: "Não pode ser. O Luiz Mór falou que seria um engenheiro. Com aquela pinta, de cachecol, aquele deve ser algum almirante português". O Mór, vice-presidente da TAP, gaúcho de Cachoeira do Sul, fora o arquiteto daquela idéia de fazer uma espécie de seriado gastronômico sobre a cozinha portuguesa, a ser divulgado, no sul do Brasil, pela RBS TV.

Minutos depois saberíamos que era ele mesmo, o engenheiro Vasco Marques (além da pinta, tinha nome de almirante!), que seria o guia para nos acompanhar em duas viaturas, com o equipamento e toda a nossa equipe. Iniciava-se uma saborosa loucura: em duas semanas percorremos mais de uma dúzia de cidades e enfrentamos duas dezenas de restaurantes, escolhidos entre os melhores de Portugal.

Parecia uma esquadra em deslocamento, cruzando Portugal em todos os sentidos, e o "Almirante" (o apelido pegou logo) se revelou um grande gourmet, de refinado senso de humor, e um líder: inspecionava as cozinhas, conferenciava com os *maîtres* e proprietários, ajudava nas reportagens e, sobretudo, assegurava-se de que não teríamos "nada abaixo de refeições inesquecíveis". Nas primeiras visitas, o Almirante era um pouco reticente, quando o tratávamos, com afetuosa ironia, pelo título. Mas, com o tempo, não só se acostumou como assumiu a identidade. Na Bairrada, por exemplo, houve um rebuliço, queriam chamar o prefeito e a imprensa quando correu a notícia que acabara de chegar um almirante, à frente de uma equipe da TV brasileira. Num jantar oferecido pela direção do Cassino de Estoril, tivemos que enfrentar uma crise de ciúme de um capitão-de-fragata reformado: "Passei uma vida no mar, só consegui chegar a capitão. E esse gajo aí, a se fazer passar por almirante". Na verdade, o mais perto do mar que o nosso almirante chegara fora num guarda-sol das praias do Rio de Janeiro, onde nasceu, numa estada dos pais portugueses. Isso o autorizava a dar a última palavra sobre qualquer assunto brasileiro. Meio brasileiro, e português inteiro. Certa vez, chegando ao norte de Portugal, me atrevi a contraditá-lo diante de um mapa. O Almirante limitou-se a me olhar, a testa franzida, do alto de um convés imaginário, e fuzilou: "Sou um homem do Norte!". Dois dias depois, em Évora, no sul, se referiu à região como "uma espécie de terra natal". Perdemos a paciência: "O que é isso, Almirante? E o Rio? E o Norte?". A explicação veio rápida: "É que a minha mulher nasceu aqui, no Alentejo". Até que se deu o caso. Estávamos gravando na excelente cozinha do Hotel Dom Pedro, em Lisboa, quando a gentil gerente de relações públicas, num intervalo das gravações, delicadamente, me disse: "Sr. Pinheiro, o meu pai é almirante. Só existem sete almirantes em Portugal, e eles jantam todos os meses lá em casa. E eu não estou a lembrar do sr. Vasco nos jantares". Não importa: para nós, nem Pedro Álvares Cabral supera o nosso Almirante.

Um bife de além-mar

Devo Miranda do Douro ao amigo Luiz Mór, que convenceu nossa equipe a cruzar o Atlântico e, depois, atravessar Portugal, até a remota Trás-os-Montes, para uma série de reportagens sobre os recantos mais remotos do país. É uma região montanhosa e esquecida do nordeste, perto da fronteira da Espanha, onde há nove meses de inverno e três meses de inferno, como eles dizem, numa referência ao verão, que, certos anos, registra temperaturas de cinqüenta graus centígrados.

O entusiasmo do Mór por Miranda surgiu por causa do idioma local, o mirandês, que pouco tempo atrás foi aprovado no parlamento português como língua oficial do país, ao lado do português. É claro que vou dar a ele, de presente, o dicionário Mirandês-Português, que, numa coincidência amável, foi lançado no dia em que chegamos à cidade e fomos honrados com o primeiro exemplar da primeira edição. Nossa dívida com o Mór aumentou no primeiro jantar que nossos encantadores anfitriões nos ofereceram em Miranda do Douro. Para o ceticismo dos gaúchos da nossa equipe, anunciaram "uma carne tão boa quanto a carne gaúcha". É claro que nos reservamos sobre a comparação: nada sequer se aproxima de uma picanha do Rio Grande levada ao braseiro pelas mãos mágicas do Zé Abu, para citar apenas um assador. De qualquer modo, temos que reconhecer: foi o bife mais honesto que já comemos em terras de além-mar.

Na verdade, existem apenas mil e quinhentas pessoas, isto é, pouco mais do que a metade da população da pequena Miranda, que falam o mirandês, mas o orgulho que eles têm da língua – e de suas tradições, que remontam a mil anos – é imenso e, vamos reconhecer, justificado. Mais de uma vez, metade da população morreu defendendo suas casas e seu orgulho. Eles não têm rancores dessas desventuras, mas têm memória: na catedral, ainda hoje, há uma pedra lavrada, lembrando um "indigníssimo bispo" que traiu os mirandeses quinhentos anos atrás.

Nas placas da cidade, as indicações são escritas em português e mirandês. Se você passar por lá, jamais cometa o sacrilégio de se referir ao "dialeto" mirandês, porque eles brigam. "É a *língua* mirandesa", dizem eles, ofendidos. E quando alguém, tentando agradá-los, reconhece, numa concessão ao pitoresco, que o mirandês, veja só, é "a segunda língua de Portugal", eles corrigem, amuados:

– O mirandês surgiu antes do português, vindo direto do latim. Do mirandês surgiu o português, portanto, falamos a primeira língua do país.

Afirmam tudo isso, é claro, em mirandês, que é compreensível para nós. Na verdade, é uma espécie de português primitivo, mais rústico e mais veemente, sem tantos objetos diretos e advérbios. No alfabeto mirandês tem uma letra a menos: o "v" não existe para eles, e é substituído pelo "b". Todos os programas de TV, com a pele, o avental e a gravata do Anonymus Gourmet, encerro com uma saudação que pode ser recebida como uma esperança ou uma ameaça: "Voltaremos!". Por isso, agradecendo a homenagem que a Câmara Municipal fez à nossa equipe, Anonymus Gourmet teve a cortesia de utilizar o idioma mirandês e concluiu a saudação no seu estilo tradicional, mas usando o alfabeto da terra: "Boltaremos!".

O JANTAR SOLITÁRIO

Dicas de alimentação saudável ainda não homologadas pela Organização Mundial da Saúde. Coma bem sentado, e sem pressa. Mais do que sem pressa: coma vagarosamente, com a inocência de uma criança, sem passado e sem futuro, vivendo com intensidade cada garfada. Não fale nem pense em morte, nem em temas polêmicos, enquanto degusta o seu jantar. De preferência, acompanhe o momento com um copo de vinho. É melhor para a saúde comer sozinho ou acompanhado? Charles Eliot acreditava que "não se deve comer sozinho, mas sim em família, ou num grupo de amigos e camaradas", porque considerava "a mesa o melhor lugar para cultivar as amizades e as afeições domésticas". Ambrose Bierce definiu "jantar" como "o ato de comer, lentamente, uma bela refeição em boa companhia". E tinha o apoio de Thomas Walker, que considerava jantares solitários desaconselháveis, pois "a solidão tende a produzir pensamentos – e pensamentos atrapalham a digestão". Solidão? Robert Morley garantia que "nenhum homem está só diante de um prato de *spaghetti*". Charles Lamb também não se sentia só e, mais do que isso, exultava em não ter companhia ao jantar, dizendo que sentia "prazer, oh! muito prazer, em comer sozinho", esclarecendo e sublinhando que se referia a "comer o *meu jantar* sozinho!". Como se vê, a jurisprudência e a doutrina se dividem a propósito de jantares solitários ou acompanhados.

Os inimigos de Nubar Gulbenkian atribuíam-lhe uma frase sobre o tema, que irritava as mulheres em geral e enfurecia sua ex-mulher em particular: "O número ideal para um jantar festivo é dois: eu mesmo e uma mulher linda me servindo".

Foi preciso um estudo científico – feito em Londres, é claro – para lançar alguma luz sobre o debate. Médicos e cientistas, despreocupados das intrigas e tiradas literárias, pesquisaram o hábito contemporâneo de comer sozinho em horários desordenados, hábito que não pode ser tolerado como opção filosófico-gastronômica na forma idealizada por Morley e Lamb, mas sim deve ser criticado como subproduto indesejável do estresse da vida moderna, dizem os cientistas. Segundo eles, as refeições feitas em grupos de amigos ou familiares, em horários certos, fazem parte dos rituais mais antigos na humanidade. Os pequenos vínculos que unem as famílias e a estabilidade dos lares são forjados à mesa. Do ponto de vista da unidade familiar, comer junto seria mais importante do que a fidelidade conjugal. O estudo aponta perigos para a civilização e para a saúde nas refeições solitárias, feitas às pressas na rua ou no trabalho. Além dos problemas psicológicos, sociais e familiares, os cientistas constataram que as pessoas que comem sozinhas tendem a comer muito mais. Ou seja, jantares solitários, além de tudo, engordam.

As caçarolas e o mundo

A conversa não chegou à cozinha! Essa expressão desagradável, carregada de preconceito, era usada antigamente para desclassificar opiniões indesejáveis. A cozinha durante muito tempo teve a reputação de lugar menos qualificado da casa. Até os banheiros tinham mais prestígio – e melhor localização: não por acaso, a cozinha ficava nos fundos da casa.

Essa injustiça inominável se apoiava numa espécie de repulsa calvinista às satisfações corporais. Entretanto, o encanto da boa mesa haveria de se impor, irresistível, porque, como diria Brillat Savarin, "é um prazer de todas as idades, de todos os países, de todos as classes sociais e de todos os dias". Mais irresistível e mais duradouro do que o sexo, garantia Brillat Savarin, porque "pode se associar a outros prazeres e sobra como último prazer, para nos consolar da perda de todos os outros". No decorrer da história, outras inteligências, vozes e apetites se exaltaram em defesa dessa delícia suprema que transborda da cozinha e da boa mesa. Talleyrand, talvez o mais brilhante estadista até hoje, desafiava que mostrassem a ele "um outro prazer comparável a um jantar: ocorre pontualmente, a cada noite, e se prolonga por mais de uma hora". Certa vez, na preparação da viagem para uma conferência internacional, Talleyrand não fez segredo que se preocupava mais em definir o time de cozinheiros que o acompanhariam do que propriamente com os documentos que fundamentariam sua atuação na conferência:

– Eu tenho mais necessidade de caçarolas do que de instruções escritas – disse ele, impávido.

Fico feliz em constatar que essas palavras iluminantes ressoam nos nossos dias. As caçarolas desde séculos influem nos destinos do mundo. Os preconceitos contra a cozinha e a boa mesa foram reduzidos a constrangedoras demonstrações de obscurantismo. Hoje, a gula, antes de ser um pecado capital, se tornou prova de destemor: é preciso coragem e sangue-frio para enfrentar o fundamentalismo *diet*.

Uma comprovação exemplar desse triunfo ocorreu na cidade gaúcha de Bento Gonçalves, na serra, no Vale dos Vinhedos. A administração municipal comemorou com grande sucesso a 19ª Feira do Livro, na praça central da cidade, e o prazer da leitura se misturou com o prazer da boa mesa. "Saber & Sabor" era o tema da feira, que trouxe a cozinha para junto dos livros, na praça. O cartaz de divulgação não poderia ser mais explícito: um imenso hambúrguer recheado por livros. Com isso, a conversa – inclusive a conversa sobre livros – chegou definitivamente à cozinha. E a conversa sobre cozinha ganhou legitimidade para andar por toda parte. Inclusive para chegar, com honras, à praça.

POEMAS QUE DERRETEM NA BOCA

Um dos alimentos mais importantes da nossa civilização, o ovo, foi reduzido durante muito tempo à condição de vilão. Cientistas, médicos, imprensa especializada e leiga nos bombardearam durante anos com relatos, que tinham o tom alarmado de informes de guerra, sobre as atrocidades de que o ovo seria capaz. Por pouco as prateleiras dos supermercados não foram alvos de brigadas sanitárias.

Dizia-se que o ovo era ruim para a saúde por causa do colesterol. Hoje se sabe que o ovo, na verdade, favorece o bom colesterol e é um item positivo numa dieta equilibrada. Assim recupera a sua posição de grande destaque em todas as mesas, pobres e ricas. Na culinária francesa, sempre foi um príncipe: nos suflês, empadões, cremes, omeletes, molhos variados, tortas e bolos. Na doçaria portuguesa, que tem na nossa Pelotas uma bela continuidade, nem se fala. Nunca foram menos do que astros insubstituíveis: desde os ovos moles de Aveiro até os pastéis de Belém, passando pelos quindins, barrigas de freira, pastéis de Santa Clara e tantos outros sabores inigualáveis.

Com a revisão da condenação da ciência, o ovo recupera a liberdade e deixa de ser um palavrão. Ninguém mais vai te olhar com um misto de piedade e repugnância quando você pedir uma boa omelete.

Além de ingrediente precioso, que entra em quase todas as grandes receitas, tem o encanto fundamental de ser um alimento muito barato. Considerando o que proporciona em poder nutritivo, vitaminas e proteínas, e a importância crucial que tem na dieta das populações mais pobres, ganha a taça de campeão: o ovo é, ao mesmo tempo, o alimento mais importante e também o alimento mais barato que existe em nossa mesa. Nenhum outro, por preço quase irrisório, oferece tanto em troca. E tem mais: como se não bastassem todas as outras qualidades, tem a virtude suprema, a virtude luminosa dos tempos em que vivemos: é um alimento que não engorda.

Anonymus Gourmet se orgulha de sempre ter mantido severas reservas diante dessa fúria contra o ovo. Nos piores tempos da Inquisição contra esse alimento maravilhoso, na hora do café-da-manhã, o ovo quente matinal nunca deixou de estar lá, na mesa do radical da cautela.

Na defesa de um alimento barato e riquíssimo, Anonymus sempre afrontou impávido a crítica recorrente por causa do colesterol. Tudo bem, o ovo tem colesterol, mas e o leite? E a carne? E os embutidos?

Maria de Lourdes Modesto, a maior escritora de gastronomia de Portugal, a propósito, tem uma denúncia desafiadora: e aqueles pratos prontos com montes de colesterol escondido, que libertam a dona-de-casa e matam a família? Maria de Lourdes, que fala sobre aflições do dia-a-dia das pessoas na cozinha e na mesa, jamais vacilou na defesa do ovo: tão saboroso, tão útil, tão barato, mas tão condenado. Maria de Lourdes vive num país em que, com ovo e açúcar, se fazem poemas espirituosos que derretem na boca, do tipo toucinho do céu, barriga de freira, fatias da China – este último exigindo na receita a medida considerável de 24 gemas. Para quem não tem problemas de colesterol, ela propõe o que chama de "consumo inteligente, saudável e gastronômico" do ovo. Dois ovos por semana, usados numa refeição, como prato principal. Exemplos: ervilhas com ovos mexidos, sopa de tomate com ovo inteiro cozido na sopa, um ovo cozido com atum e arroz, um ovo frito com presunto magro e torradinhas quentinhas, ai, meu Deus, obrigado Maria de Lourdes.

Tenho um amigo, Jack Dantas, que se sente praticando uma infidelidade, não à sua exuberante Morgana, mas ao seu sisudo cardiologista, quando compra ovos. Como escolher um ovo na hora de comprar? – pergunta o Jack, deliciado com sua transgressão.

Em qualquer hipótese, o ovo tem que ser fresco. Essa qualidade é fácil reconhecer em casa: abra um ovo de cada vez e, quando abrir, se a clara se esparramar como água, cuidado, é um ovo velho, impróprio para o uso. A clara tem que estar gelatinosa, e a gema bem centrada e volumosa. O ovo fresco parece mais pesado. E o ouvido também ajuda: agitado o ovo, não deve chacoalhar. Não se impressione com a cor da casca: os ovos brancos, embora às vezes custem menos, têm o mesmo valor dos ovos de casca rosada. A gema bem amarela é só mais bonita, o sabor é o mesmo. Não compre ovos sujos nem com a casca rachada. Não lave os ovos antes de guardar na geladeira. As galinhas não são tão burras como parecem: quando põem o ovo, ele vem envolto numa membrana quase invisível que o protege de bactérias e cheiros. Além dessa gentileza com o consumidor, as galinhas parecem sucumbir à poesia sazonal que se instala na natureza todos os anos: os melhores ovos – dizem os biólogos, e não os poetas – são postos na primavera.

Onde o céu resplandece

"Remotas." Foi esta a avaliação de Anonymus Gourmet sobre as possibilidades de alguém obter sucesso nas mesas de Lisboa, sem ter a companhia e, sobretudo, o comando tático do Almirante. É claro que você pode conseguir algumas vitórias isoladas – a dica de um porteiro de hotel, ou a referência num guia de viagem, às vezes, funcionam –, mas fazer uma campanha consistente, ganhando a maioria dos pontos que disputar, como se fosse o Grêmio dos bons tempos ou, vá lá, o Inter dos anos 70, é tarefa grande demais para um turista acidental.

As cidades não entregam seu coração a desconhecidos em férias, já escreveu Anonymus Gourmet, atribuindo a frase a Casanova. Em geral, os intelectuais tentam outorgar profundidade ao que dizem; depois de mais de vinte anos de convivência, tenho que admitir que de Anonymus Gourmet se pode dizer o que Borges dizia de Oscar Wilde: é um homem profundo que procura parecer frívolo.

Anonymus, ou quem sabe Casanova, tem toda

a razão sobre o coração incerto das cidades. É preciso conhecer o terreno. Não por acaso, o Luiz Mór escolheu o Almirante para guiar a nossa série de reportagens pelas mesas portuguesas. Um exemplo de onde o sagaz Almirante aporta seu barco em segurança: o Antigo 1º de Maio, com mais de cem anos, a brilhar perto da praça Camões, no bairro Alto de Lisboa, com o cardápio de peixes, mariscos, boa carne de porco e alguns marrecos e cabritos inesquecíveis, ai meu Deus! Foi ali, entre aquelas paredes azulejadas, quase pobres, que Anonymus disse ter compreendido a síntese admirável de Dante às portas do Paraíso, quando percebeu que "a glória do Senhor, que tudo move no Universo, penetra e resplandece às vezes mais, e em outras partes menos". No Antigo 1º de Maio, sem dúvida resplandece mais. Da rua, é preciso descer por escadas estreitas, mas a descida logo se converte numa luminosa subida aos céus, porque o aspecto modesto não impede o atendimento cordial e a cozinha extraordinária. Depois dos indizíveis filetes de peixe galo acompanhados por feijões, Anonymus Gourmet observou ao Almirante que Dante teve que pedir ajuda de Apolo para relatar o que sua memória guardou do Paraíso. Por isso, enquanto bebia o último gole do café forte e perfumado, sentiu-se no direito de ter a ajuda de Dante para resumir aquela refeição: "No céu que a luz mais favorece estive", disse ele, sacudindo a cabeça com a resignação de um monge.

Sabores e dores do mundo

Mais dois itens notáveis do inesgotável acervo lisboeta do almirante Vasco Marques: a Marisqueira Luminosa e o Manuel Caçador. Na Marisqueira Luminosa, apesar do nome e do orgulhoso aviso pregado à porta ("Temos viveiros próprios"), o Almirante dirigiu a navegação em direção a um cabrito feito ao forno com "caprichoso esmero", conforme as próprias palavras do proprietário, *chef* de cozinha e garçom Manuel Paulico. Anonymus Gourmet, primeiro, se deliciou com as preliminares – croquetes feitos como devem ser, crocantes por fora e úmidos por dentro, escrupulosamente temperados – e em seguida concentrou-se no cabrito, com a atenção e o rigor de um cirurgião que se prepara para uma intervenção de várias horas. Depois da primeira garfada, recolheu-se a uma espécie de prece comovida. A carne do cabrito era tenra, temperada com discrição e apuro. Havia notas remotas de alecrim, certos acordes de um vinho carregado da Bairrada e, por certo, o perfume de alho, num tom muito respeitoso, é verdade. As batatas, que tinham a pele levemente tostada e firme por fora, eram muito macias, com ecos bem delineados do tempero da carne. Para escoltar tanta sutileza, Evel, um tinto do Douro corretíssimo, que lembra certos zagueiros que não brilham, mas nunca entregam a partida. No Manuel Caçador, o Almirante confiou o timão à sua Rosarinho, que conhece os encantos e as dores daquela taverna surpreendente. Inclusive as dores da Dores, que, como todos que lá trabalham, veio do Minho. "As minhotas são inesquecíveis", orgulha-se a romântica Dores, que só perdeu em romantismo extremado para a irmã, que se matou por amor no dia em que o noivo a abandonou. Seus primos pareciam destinados a melhor sorte, casaram-se apaixonados e saíram em lua-de-mel, mas o carro despencou num precipício. Rosarinho desfiou a história daqueles personagens do restaurante como quem recita um fado, escolheu o vinho (um Encosta da Penha soberbo) e, com vagar, avaliou as sardinhas que chegavam, assadas, perfumadas, fumegantes. Inspecionou-as com os óculos, aspirou o aroma, antes de se render, encantada: "Estão magníficas". Era como se fosse uma senha. "Eu morreria por ti", disse o Almirante, agradecido, escolhendo a sardinha mais gorda, esquecido das dores daquele lugar, incluindo a Dores, que observava a cena, sorridente. Existem sabores e aromas que fazem esquecer as dores do mundo.

A feijoada de além-mar

O caso da feijoada foi um choque para nossa equipe da TV que chegava ao norte de Portugal. "Lembrei do dia em que me contaram que Papai Noel não existe" – disse Ciça Kramer, sem disfarçar o desencanto: por natureza afável e bem-humorada, se recolheu a um silêncio aborrecido, diante da desilusão.

A desilusão foi descobrir que a feijoada não foi inventada por nós, brasileiros, como reza aquela lenda poética, do tempo da escravatura, sobre o senhor separando gulosamente o lombinho, o pernil e toda a parte nobre do porco, e mandando para a senzala as sobras: patas, orelhas, pele e outras partes rejeitadas. E os escravos, na gênese do jeitinho brasileiro, combinando a urgência da fome com o talento, teriam transformado a desventura em suculentas feijoadas.

Percorrendo a região de Trás-os-Montes, descobrimos acabrunhados que aqueles brasileiros apenas seguiam uma receita antiga: a feijoada brasileira nada mais é do que uma cópia fiel da feijoada transmontana. O porco, para as populações pobres do norte português, é um tesouro precioso. Séculos antes de o Brasil ser descoberto, já existia, naquelas povoações esquecidas, a festa da matança do porco, que comemora o que, para eles, é o alimento essencial. Tudo é aproveitado, inclusive orelhas, rabo, pele e pata, que são salgados e consumidos, no decorrer do ano, em feijoadas, junto com as lingüiças e costelinhas defumadas.

O almirante Vasco Marques, que guiou nossa equipe pelas estradas estreitas do nordeste transmontano, conta uma história saborosa que retrata aquela região de pequeníssimas propriedades e poucos recursos. Deu-se que dois vizinhos – que só poderiam ser Manuel e Joaquim – disputavam a posse de um porco que nascera na divisa dos terrenos de ambos. Um dos litigantes, Manuel, consultou o então jovem advogado Sá Carneiro (que viria a ser primeiro-ministro), o qual examinou os detalhes jurídicos e garantiu: "Fique tranqüilo, o porco é seu". O outro vizinho, Joaquim, inconformado, foi ao pai de Sá Carneiro, advogado veterano, que tranqüilizou-o: "Não, o porco, na verdade, é seu". Quando soube que seu parecer fora contrariado, Sá Carneiro filho telefonou ao pai: "Ô, pai! Você disse que o porco pertence ao Joaquim, mas estudei o caso e quem tem razão é o Manuel". O Sá Carneiro pai riu, antevendo os honorários de ambos no litígio: "Ô, filho. O porco não é nem do Manuel e nem do Joaquim. O porco é nosso!...".

De certa forma, é o caso da feijoada. Os portugueses podem ter inventado, mas quem a transformou num prato de luxo?, e quem criou a caipirinha para acompanhar? Por isso, ô, Ciça... a feijoada é nossa!

Na mesa, ninguém envelhece

A gastronomia é apenas um dos pilares das "ciências da mesa", segundo Anonymus Gourmet. Nesse pilar da gastronomia, ele inclui a culinária e os "espíritos".

– Vamos aos espíritos! – costuma dizer Anonymus, quando pede a bebida. Diante de uma garrafa que se abre, a rolha lentamente deixando liberto o vinho, ele tem uma expressão de solene expectativa, e sempre lembra Baudelaire, com "as volúpias perigosas e fulminantes do vinho", mas também não esquece o "sol interior que o deus da videira desperta".

O outro pilar das ciências da mesa seria o que Anonymus Gourmet chama de "arte da conversação". Nada mais é do que o papo que rola em toda mesa onde se misture o aroma fumegante de algum cozido, uma boa garrafa e alguns copos. O almirante Vasco Marques garante que "à mesa não se envelhece". Ali, o tempo pára, e velhos amores, negócios fabulosos, mulheres inesquecíveis, partidas de futebol que foram disputadas nos gramados do sonho, ou simplesmente alguns instantes de graça e humanidade ganham vida e colorido.

Como a história que aquele amigo do Ivan, um diplomata que visitava Porto Alegre, nos contou numa mesa do velho Viscaya, à sombra de uma garrafa de boa data. Certa vez, de passagem pela França, ele decidiu visitar um colega, vice-cônsul brasileiro em Paris. Chegou ao Consulado às nove e meia da manhã, e o solícito porteiro, um português muito sério, de cabelos brancos, disse que nem o vice-cônsul e nem os outros funcionários tinham chegado. Paciente, o nosso amigo foi tomar um café, leu os jornais, e voltou às dez e meia.

– Ainda não – sorriu o português, logo que viu o visitante que procurava pelo vice-cônsul.

O nosso amigo também sorriu, constrangido, lembrou que tinha de reconfirmar a passagem de volta ao Brasil, o dia estava ensolarado e saiu a caminhar por Paris, fazendo tempo para tentar mais tarde. Às onze e meia, voltou ao Consulado, e o porteiro português mais uma vez desculpou-se, pois nem o vice-cônsul, nem qualquer outro funcionário graduado, aparecera.

– Mas de manhã eles não trabalham?! – quis saber o nosso amigo, mal contendo a irritação e a impaciência.

O português, com a mesma formalidade impecável, e o mesmo sorriso, explicou, caprichando no sotaque lusitano:

– De manhã, eles vão levar os miúdos na escola. Depois, vão correr as livrarias... De tarde é que eles não trabalham!...

Comidas de carnaval

Na praia ou na cidade, está no ar a sugestão mágica dos frutos do mar. Com espaguete ou arroz, ou numa boa caldeirada, têm tudo a ver com esses dias luminosos. Os cozinheiros de primeira fervura se assustam, temendo fazer lulas e polvos borrachudos, mexilhões cheios de areia e sem gosto. E também há o ponto de interrogação do preço! Frutos do mar têm fama de ser "coisa fina". Muita gente acaba capitulando e preparando um carreteiro de frutos da terra: coração, salsichão e costela desossada...

As boas notícias são as seguintes: o preparo de frutos do mar é simples. Separe lulas e polvos e cozinhe numa panela com água por quinze minutos. Mesmo tempo para os mexilhões, só que em panela separada. A água em que cozinharam lulas e polvos serve para dar gosto ao molho.

O molho? Ah, o molho pode e deve ser de tomates. Escolha os tomates como quem escolhe uma noiva. De cor bem viva, pele firme, aquele aspecto sumarento e apetitoso... Estou falando dos tomates, é claro. Refogue-os com cebola e pouquíssimo alho. Além da água das lulas e dos polvos, a água do mexilhão também serve. Mas deve ser coada num saco de café, por causa da areia. Importante: se usar peixe ou camarão, eles só entram bem no fim, por poucos minutos, pois cozinham muito rápido. Outra boa notícia é que o preço dos frutos do mar fica ótimo, porque, num molho para massa ou arroz, são usados em pequenas quantidades, e rendem muito.

Anonymus Gourmet, com todo o respeito aos frutos do mar, me confidenciou que as energias do carnaval devem ser buscadas num substancioso macarrão com molho de lingüiça, alternativa rústica e poderosa capaz de fazer um religioso reservado invadir a quarta-feira de cinzas sambando.

Depois da folia, a receita de Anonymus Gourmet é frugal, mas reparadora: fatias de rosbife – "frias e finas", ele recomenda – temperadas com uma áspera mistura de alho, molho inglês, limão e tabasco, apenas suavizada por um fio de azeite de oliva bem comum.

– Azeite de oliva comum?! Por que não um azeite extravirgem? – perguntou, inconformado, o dr. Sabetudo, um intelectual da cozinha que, de vez em quando, atormenta Anonymus com suas certezas de forno e fogão.

– Extravirgem? – espantou-se Anonymus, com os olhos arregalados e a expressão perplexa.

Recuperado do susto, sacudiu a cabeça, pensou um pouco e arrematou com certo desalento:

– Depois de quatro dias de folia, meu caro, temo que nem mesmo os azeites continuem virgens.

Dietas draconianas e ironia

Dura é a vida dos jóqueis. Escravizados pela balança, não podem se permitir as consolações da boa mesa. No filme *Seabiscuit*, Toby Maguire representa bem o desalento de Red Pollard, um jóquei improvável: com 1,65m de altura, sendo obrigado a não passar de 52 quilos, permitia-se apenas algumas ervilhas, meio bife e uma fatia de batata. Ainda bem que o pequeno Seabiscuit o vingava: apesar de ser um dos menores cavalos da cocheira, comportava-se como um *gourmand*, comendo o dobro da ração. Red Pollard fora abandonado pela família, perdera um olho em lutas de boxe de quinta categoria e dormia numa cocheira. Para se distrair dessas desventuras, lia grandes escritores, contava histórias aos colegas e conversava com cavalos. Pollard só se sentiu fracassado uma vez, quando uma perna quebrada ameaçou não deixá-lo montar Seabiscuit num páreo decisivo: "Esta é a derrota mais pungente".

Seabiscuit é uma história de perdedores que têm a segunda chance. O dono do cavalo, Charles

Howard, um milionário vendedor de automóveis, era o maior de todos os perdedores. Perdeu o filho num acidente de carro, a esposa, que foi embora, e o entusiasmo pela vida. Foi salvo por Marcela, que adorava cavalos e ajudava Howard a acreditar no inacreditável. A primeira escolha inacreditável foi Tom Smith, um vaqueiro solitário, considerado meio maluco, que viu nas brumas da madrugada um pequeno cavalo manco, de mau temperamento. Não se importou com as patas nem com a fúria do potro, mas sim com o olhar penetrante, dizendo que era "um cavalo com alma". Para fazer essa "alma" ganhar corridas, chamou o jóquei desacreditado Red Pollard. Desse coquetel espantoso, foi feita a equipe que levou Seabiscuit à glória. O filme emociona, com cenas de ação impressionantes que dão ao espectador a sensação de estar em plena pista, entre os cavalos. Mas a história também encanta pelo tom. Não é a fábula doce da revanche bem-sucedida: no filme, a segunda chance é uma crônica de dolorosas provações. Proprietário, treinador, jóquei e cavalo se toleram, se compreendem, se perdoam mutuamente dos seus fracassos e defeitos. Como diz Pollard, "se curam mutuamente". Ou, como diz Tom Smith: "Um pequeno defeito não pode acabar com uma vida". Charles Howard resume a ópera: "Aqui estamos nós, um cavalo pequeno demais, montado por um jóquei grande demais, com um treinador velho demais e eu, um proprietário que é idiota demais para não ver tudo isso".

Ou seja, além de dietas draconianas, fé inquebrantável, dotes visionários, compreensão mútua etc., a glória também é feita de uma certa auto-ironia. Não se pode levar tudo muito a sério.

CONVERSAS NA HORTA

Tenho uma horta em casa que, durante algum tempo, foi uma atração turística entre amigos e conhecidos. Mas, em vez de me gabar do trabalho do nosso hortelão, diante dos visitantes sempre admiti a verdade: qualquer um pode ter uma horta em casa, até quem mora num pequeno apartamento com sacada exígua. Apenas duas exigências técnicas: sol e atenção. O sol está sob suspeita, passam o dia inteiro falando dos malefícios e da necessidade do filtro solar, mas é a primeira condição para a sua horta dar certo. A atenção é o outro requisito. Observe suas ervas todos os dias, regue-as e, especialmente, não tenha medo do ridículo, que ninguém está olhando: converse com as plantas, elas adoram.

O manjericão, por exemplo, gosta até de gritaria. Na França, o costume popular ensina que essa planta perfumada só cresce viçosa quando a semeadura é feita acompanhada de xingamentos e palavrões. Mas isso é por conta do mau humor dos franceses. O manjericão nasce e cresce com facilidade até num vaso de flores da sacada, sem necessidade de palavrões. Ele quer apenas atenção. E viaja bem: uma amiga do Franco, da Mamma Luciana, trouxe da Itália um vasinho com aquele manjericão de folhas largas, que, na nossa horta, depois de muita conversa, virou um arbusto imponente. Na Itália, longe dos palavrões franceses, é um símbolo amável: para um italiano, entregar um ramo de manjericão a uma mulher equivale a uma declaração de amor.

O tradicional molho de tomate com manjericão, para massa, compõe um prato simples e perfeito. A parceria nasceu na horta: o manjericão é a planta companheira dos tomateiros, porque afasta a terrível mosca branca que dizima os tomates. Perto das pimentas, o manjericão serve para perfumá-las.

O alecrim, outra estrela de uma horta, é bom contra o reumatismo e a depressão nervosa. O vinagre com alecrim restabelece o PH natural do cabelo e da pele. E os molhos ganham aroma especial com uma pitada de alecrim fresco. Seu cultivo também é fácil, até num vaso na sacada.

O alecrim é bom confidente. E tem poderes mágicos, acredite. Converse com ele sobre suas desventuras amorosas. É a erva da juventude eterna, do amor, da amizade e da alegria de viver. Os antigos diziam que um ramo de alecrim embaixo do travesseiro afastava os maus sonhos, e, no passado, os jovens carregavam sempre um ramo nas mãos, para tocar com ele na pessoa amada e ter seu amor para sempre.

Garrafas e mulheres

A verdade é que, na noite da virada, em 31 de dezembro, seja o ano que for, o champanhe, que geralmente não é *champagne*, mas sim espumante, é sempre o rei da festa. Por mais simples que seja a mesa, por mais barato que seja o espumante, a solenidade é semelhante, e o brinde, mesmo num copo que abrigou no passado um glorioso requeijão, tem a mesma emoção.

Felizmente, está acabando o abuso brasileiro de chamar qualquer vinho espumante de champanhe. Por convenção internacional, que só não era respeitada aqui, podem usar o nome de champanhe apenas os vinhos espumantes produzidos na região demarcada de Champagne, na França. O Brasil começa a levar a sério esses acordos mundiais. Seria tolice agir diferente: o nosso espumante é de boa qualidade, não precisa carregar, impresso no rótulo, a cruz de ser um arremedo ilegal do verdadeiro champanhe.

O champanhe foi a parte francesa de um outro acordo internacional, celebrado no lugar mais sério onde se pode fazer qualquer acordo: a mesa de um bar. Franceses e ingleses, desde sempre, tiveram rivalidades, e, nessa mesa de bar do tal acordo, estavam sentados um francês e um inglês, antigos e fraternos amigos. O francês bebia champanhe, o inglês bebia uma daquelas cervejas escuras que construíram a glória eterna do Império Britânico. Aproximava-se a meia-noite de um remoto 31 de dezembro de muitas décadas atrás. Então, deu-se o fato. Um dos dois convivas (terá sido o inglês, com as culpas seculares do colonialismo?... Terá sido o francês, com algum remorso tardio da Guerra da Argélia?) teve a idéia de fazer um brinde pela paz, prontamente aceita pelo outro. Pediram dois cálices e surgiu então um belo coquetel feito com metade champanhe francês e metade cerveja preta inglesa. Pela consistência e pela cor, foi batizado de *Black Velvet* (Veludo Negro) e serviu como gesto de paz entre franceses e ingleses. É claro que aqui se pode fazer muito bem a versão nacional desse coquetel, misturando um bom espumante da Serra Gaúcha e alguma digna cerveja preta nacional. O inglês e o francês que criaram o coquetel original, com certeza, não se envergonhariam dessa versão brasileira.

E já que misturamos cerveja e champanhe, uma dica elegante e econômica para os brindes das festas após ano-novo, festas que, na cidade ou na praia, só terminam em março: use uma *flute* – aquele cálice alto de champanhe – para beber a cervejinha estupidamente gelada. Além do toque de classe, tem a virtude prática: com menos quantidade no cálice, a cerveja não tem tempo de esquentar. Com cerveja, com espumante ou com o legítimo champanhe, não esqueça do ensiamento da Jó Saldanha: o brinde se faz com o copo na mão esquerda, e os olhos nos olhos.

E os vinhos? Branco ou tinto? Há livros imensos, em todas as línguas, sobre as combinações corretas entre comidas e vinho, com severas advertências sobre o dever dos tintos de acompanharem as carnes vermelhas e a vocação dos vinhos brancos de enfrentarem aves e peixes. Nenhum desses livros consegue calar a voz do coração. Esqueça as regras e vá pela sua vontade: escolha primeiro o vinho e depois a comida. Afinal, um vinho leva anos para ficar pronto, e a comida se prepara em poucos minutos. Uma regra útil, na hora de beber, é pegar o cálice pela haste, para não alterar a temperatura com o calor das mãos. E a garrafa? Como é que se pega uma garrafa para servir um vinho? Segundo o grande escritor inglês Somerset Maugham, garrafas a gente pega pelo gargalo. Mulheres é que se pega pela cintura.

O HOMEM DA MINHA VIDA

Quase trinta anos atrás, eu estava trabalhando em Lisboa, fazendo reportagens para jornais brasileiros sobre a Revolução dos Cravos, e, de repente, caí doente, com febre e dores de cabeça alucinantes. O grande escritor gaúcho Josué Guimarães e a sua maravilhosa Nídia me resgataram do pequeno hotel em que eu vivia e me levaram para a casa onde moravam, em Cascais. Chamaram os melhores médicos, mas ninguém conseguia diagnosticar o mal que me afligia e me fazia definhar. Depois de semanas com febre e dores, sem esperança e sem apetite, acordei num dia luminoso do inverno português sem dor de cabeça, sem febre e, aleluia, com um apetite inesperado. Estou curado! – vibrei, e decidi telefonar ao meu pai para contar tudo o que acontecera, já com a boa notícia da cura. Eu não tinha contato com a família há mais de um mês. Naquele tempo, os telefonemas internacionais eram incertos, cheios de zumbido, mas, depois do meu relato, consegui ouvir com clareza a voz pausada e grave do meu pai: "A tua mãe também esteve muito doente, quase morreu. Hoje, para nossa surpresa, amanheceu curada". À noite, jantei com a Gui e o Zé Luiz, sobrinhos do Josué que me acompanharam durante os padecimentos, e combinamos não debater a coincidência, evitando as hipóteses de telepatia e percepção extra-sensorial: ficamos com Shakespeare e com os inalcançáveis mistérios entre o céu e a terra. Pedimos caldo verde, bacalhau e vinho além do razoável.

A volta dessa perturbadora lembrança foi inevitável num sábado inesquecível. Acordei decidido a correr as livrarias em busca de alguma novidade de Manuel Vázquez Montalbán, o pai do detetive gourmet Pepe Carvalho, que resolve seus casos enquanto cozinha. Depois de ler nos Açores *Erec e Enide*, memórias dissimuladas de Montalbán, eu queria escrever algo sobre ele, aqui. Para minha alegria, lá estava na livraria, lançamento da Companhia das Letras: *O homem da minha vida*. Comecei a ler no café do shopping a incrível volta de Charo, a prostituta apaixonada, aos braços de Pepe Carvalho, depois de ter vivido sete anos em Andorra com um tabelião de Barcelona. Interrompi a leitura quando Biscuter tentava convencer Pepe a receber Charo de volta. No carro, a caminho de casa, liguei o rádio para saber do Grêmio, e ouvi a voz clara como cristal do Niderauer, locutor da Rádio Gaúcha: "Morre o escritor espanhol Manuel Vázquez Montalbán!". Depois de recuperar o fôlego, recusei as explicações extraterrenas, como ocorrera em Cascais. Fiquei com Shakespeare, com os mistérios entre o céu e a terra, e, quando cheguei em casa, comovido, voltei ao extraordinário reencontro de Charo e Pepe.

UM BAR NO MEIO DO MAR

Por ali passavam os caçadores, que chegavam traiçoeiros e cheios de cobiça, para surpreender as baleias nos seus momentos de descontração: nos Açores, desde sempre, existe em alto-mar o maior santuário de baleias do mundo. Perto da ilha do Faial, elas sempre fizeram uma deliciosa escala nas viagens e migrações entre os pólos. Os caçadores podiam escolher o melhor momento para abatê-las: enquanto se aqueciam ao sol, cochilando indefesas, quando brincavam com os filhos ou quando jogavam as preliminares do acasalamento.

A caça à baleia atualmente é proibida no mundo inteiro, com poucas exceções. Os Açores continuam a viver da baleia, mas não mais de sua morte. Hoje a atração são as baleias vivas e livres, saltando e se exibindo, imensas, com seus filhotes, diante de turistas do mundo inteiro. Não há lugar melhor do que o mar dos Açores para a observação de baleias. Há expedições ao alto-mar, para desfrutar por alguns minutos da intimidade daqueles pacíficos gigantes marinhos, e o ponto de partida é o bar do Peter, na ilha do Faial, à beira do cais, que serve comidinhas maravilhosas e, desde 1920, o melhor gim-tônica do mundo. É um lugar aconchegante, que mistura iatistas ricos e elegantes, marinheiros rudes, mulheres bonitas e turistas. Um pequeno refúgio, cheio de charme e de calor humano, para os navegantes que enfrentam os ventos traiçoeiros e as ondas imensas do Atlântico Norte. Dali partem os barcos rumo às baleias, depois de doses de gim-tônica e conselhos severos dos guias contra a caça, talvez testando nossa lealdade.

Além do ambiente acolhedor, e dessa amorosa relação com as baleias, o Bar do Peter tem outra característica: serve de correio para as embarcações do mundo inteiro. Há um balcão ao fundo, onde estão catalogados cartas, telegramas, e-mails enviados dos lugares mais distantes para navegadores que andam perdidos pelos mares. Muitos deles chegam a alterar sua rota para dar uma passadinha na ilha do Faial e conferir no Peter para ver se há alguma mensagem de um parente ou, quem sabe, de uma namorada distante. Há mensagens que demoram anos para chegar ao destinatário. "Mas sempre chegam" – garante o próprio Peter, descendente do fundador. Nos tempos pré-internet e antes das facilidades via satélite, naquele balcão de madeira lustrada, onde é cuidadosamente organizado o correio do Peter, os marinheiros ancoravam saudades. Quantos dramas a falta ou a demora das comunicações devem ter causado! Fiquei a imaginar a história de uma namorada distante e apaixonada, cuja carta, escrita com paixão incandescente, só é lida pelo marinheiro amado anos depois, quando o navio atraca no Faial, e o arrebatamento da missivista já mudou de destinatário.

Churrasco de cavalo

Tive que ir à Bahia para entender o Acampamento Farroupilha do Parque Maurício Sirotsky Sobrinho, em Porto Alegre. Os baianos começam o carnaval uma semana antes do tempo e terminam duas semanas depois. É uma devoção que consome 24 horas por dia, sob sol, chuva, falta de banheiro e de banho. Os gaúchos que acampam no parque têm esse mesmo tipo de destemor diante dos tormentos do desconforto. Com a militância apaixonada que lembra os baianos no carnaval, a gauchada vai fazendo a Semana Farroupilha ocupar o setembro inteiro. Nada consegue desencorajá-los. Nem mesmo o frio de rachar tardio de setembro diminui o entusiasmo. Certos anos, por pouco em setembro não pinta uma neve, para testar a têmpera dos nossos gaudérios. Quando estive no acampamento, certa vez, pensei que o carro ia naufragar no barro.

Valeu a aventura, porque a visita me convenceu de que somos mais gaúchos do que os outros. Pelo menos, mais gaúchos do que os argentinos.

Como se não bastassem outros fundamentos da nossa eterna rivalidade, descobri, através do livro *Fogão campeiro*, que o Carlos Castillo nos presenteou no parque, que os argentinos comem carne de cavalo! Não apenas "comem", fazem mais: saboreiam, adoram.

Anos atrás, quando estivemos num grupo de brasileiros jantando com Fidel Castro no Palácio da Revolução, em Havana, pedi desculpas ao comandante: não ia comer o picadinho de cavalo, magnificamente apresentado, que era o prato principal da recepção. No limite da bravata de estância, expliquei que uma das tradições gaúchas é o respeito ao cavalo. Que o cavalo, para o gaúcho, é quase um irmão ou a continuação de suas próprias pernas etc. etc.

E, agora, essa dos argentinos... Eu já tinha ouvido falar que, num passado secular, os nossos índios churrasqueavam suas montarias, mas, o que fazer, eram selvagens remotos... Para o gaúcho argentino, um "*costillar* de potro" é uma iguaria. Soa como um costume bárbaro mantido no século 21. Castillo conta no seu belo livro que o mestre Dom Atahualpa Yupanqui – logo ele! –, numa daquelas charlas à beira do fogo, talvez depois de algum vinho generoso, lhe confessou que, de vez em quando, gosta de comer um assado de potro. Um potro! A barbárie é completa. Não é o sacrifício de um pingo velho nem o último recurso diante da escassez. É uma variação do cardápio, um apetite que faz salivar. Digo, como gostam de dizer aqueles guascas lá de fora, espantados com os desvarios alheios: morro e não vejo tudo.

Intimidade na cozinha

O filme *Simplesmente Martha* tem a leitura imediata do encanto pela culinária. Tem também a questão da entrega pessoal ao trabalho. O imaginário de Martha é feito de receitas: a crosta de um salmão, o ponto exato de um *foie gras* e outras questões cruciais ocupam os sonhos e as sessões de terapia da personagem. Mas, acima de tudo, o filme é um ensaio soberbo sobre a intimidade. Gosto de lembrar uma entrevista coletiva de Jânio Quadros, em 1985, às vésperas da eleição em que derrotou Fernando Henrique para prefeito de São Paulo. Os repórteres se esmeravam, tratando-o cerimoniosamente por "presidente", "professor", "dr. Jânio", e se continham para não dar-lhe o "excelência". Até que uma jovem desinibida, de olhos claros e boca carnuda, levantou o dedo e disse: "Jânio: eu quero saber a tua opinião...". E foi abruptamente interrompida por um silêncio pesado, que caiu sobre a sala como se fosse o golpe de um cutelo. Jânio Quadros empertigou-se, pigarreou, elevou os ombros e interrompeu a jovem com um gesto presidencial, a mão erguida como quem vai dar uma bênção ou perdoar: "Minha senhora, o excesso de intimidade produz duas coisas: mal-entendidos e filhos. E eu não quero ter nenhuma das duas coisas com a senhora". O silêncio da sala, é claro, desmanchou-se numa gargalhada estrondosa, até os lábios carnudos se abriram num sorriso de filha de boa família. "O que mais gosto na classe dominante são os dentes", diria o Millôr, se visse aquele sorriso de anúncio de dentifrício.

A atitude de Martha, no filme, lembra Jânio Quadros exigindo distância daquela senhora de olhos claros e dentes perfeitos. Martha faz tudo por Lina, a pequena órfã que vem tumultuar sua vida, mas é incapaz de um afago ou de um sorriso. Até que descobre, num vídeo caseiro, o que a mãe falecida fazia pela menina: abraçava-a, ria para ela, e passava os dedos delicadamente pelos seus cabelos. Martha resiste a Mário, porque, para ela, a cozinha – e também a vida – era um cenário submetido a um tempo exato e técnicas imutáveis. Para Mário, a cozinha fazia parte de um mundo dominado pelos sentidos, com aromas de ervas, cores, sabores, e também música e afetos. O macarrão perfumado de Mário, acompanhado de um sorriso, quebra o jejum da pequena Lina. O desfecho é previsível. Depois dos primeiros mal-entendidos, Martha se rende ao excesso de intimidade de Mário e, como diz aquele verso, tomba como um sol abandonado.

Baile em Londres

Paulo Francis, que era um improvisador extraordinário – no jornalismo, na literatura, na mesa –, numa noite em que improvisávamos um improvável *spaghetti carbonara* em Frankfurt, garantiu ao Ivan e a mim que ninguém improvisava melhor – "no mundo", ele sublinhava – do que o dr. Walter Moreira Salles, ex-embaixador do Brasil em Londres. Certa vez, o dr. Walter recebeu na embaixada o mundo diplomático e o gabinete inglês, tendo à frente o primeiro-ministro, para um jantar de gala e baile, animado por uma orquestra brasileira. O maestro cearense, numa insólita decisão, para marcar o início do baile, lascou o Hino Nacional brasileiro. O primeiro-ministro inglês deve ter pensado que era alguma marchinha sul-americana e quis ser gentil: tirou a embaixatriz brasileira para dançar e saiu pelo salão a bailar animadíssimo. O dr. Walter, nosso embaixador, para evitar que a gafe se transformasse numa crise internacional, rapidamente improvisou: com uma mesura, tirou a mulher do primeiro-ministro para dançar e saíram rodopiando sob os acordes do hino pátrio, mas ele fez com que evoluíssem na direção da orquestra. Quando chegou perto do maestro, ordenou de forma discreta, mas peremptória: "Converte em bolero!". Foi certamente a primeira vez que o nosso hino começou com o *Ouviram do Ipiranga...* e terminou com os sons inconfundíveis do *Besame mucho*.

Não sei se o dr. Walter levava esse seu inexcedível talento também para a cozinha, mas improvisação, por certo, é uma das virtudes essenciais de um cozinheiro. Dias atrás, o Paulo Lima e o Caporal, que fazem parte de uma turma de cozinheiros formados num curso do governo italiano, me contaram de um colega que teve a missão de preparar um *fettuccine al pesto*, que, segundo a receita clássica, tem os *pinoli* italianos como ingredientes obrigatórios. Mas não havia *pinoli* – e o *fettuccine* tinha que sair. O cozinheiro, então, no desespero, improvisou. Usou pinhões gaúchos, bem torrados. Os italianos presentes degustaram a novidade com encantamento e vivas, e quiseram saber o que ele tinha feito, que mágica era aquela de substituir – segundo as palavras deles – os "insossos *pinoli*" por um ingrediente tão saboroso. O cozinheiro ria sozinho: conseguira transformar uma improvisação desesperada num triunfo. De certa forma, tinha dançado o hino nacional.

Bandidos à mesa

O neurótico, intratável e encantador detetive Adrian Monk, da série televisiva *Monk*, que o canal USA transmite aos domingos, enfrentou na semana passada um bandido estranho: um comilão compulsivo, diariamente alimentado com quantidades industriais de comida, e que já chegara aos quatrocentos quilos. Vivia deitado numa cama imensa, impossibilitado de sair, pois não conseguia mais caminhar. Mesmo assim, da cama, enquanto devorava travessas inteiras com a voracidade de um animal faminto, ele concebia seus crimes terríveis. O exagero repugnante enfatizando a maldade do bandido.

Nem sempre, entretanto, equilíbrio e contenção – ou bons modos e requinte à mesa – são garantias de almas límpidas. Basta lembrar Alain Charnier, o gângster inesquecível vivido por Fernando Rey em *Operação França*, um filme dos anos 70 que até hoje comove Anonymus Gourmet. Nunca haverá outro bandido tão charmoso como o Charnier vivido por Fernando Rey. Suas ações criminosas eram concebidas em restaurantes cheios de *glamour*, diante de jantares de sonho, servidos em porcelanas assinadas, sob a guarda de borgonhas tintos imponentes. Deve ter sido constrangedor, para ele, enfrentar o tosco e incorruptível Popeye (Gene Hackmann), que adorava hambúrguer, fritas e muita maionese.

O filme parece se encaminhar para uma vitória do bom gosto sobre a virtude. Mas o final é reconfortante. Popeye correndo pelo cais, no último lance, desesperado e improvável, de um esforço ingênuo, grita para o iate de luxo que singra as águas rumo à impunidade: "Charnier!!!". Fernando Rey se vira no convés, a sobrancelha erguida, o cavanhaque bem-aparado sublinhando a expressão de superioridade, surpreso pela audácia do tira que ainda ontem comia *hot-dogs* de origem duvidosa, tiritando de frio, na tocaia do restaurante onde ele degustava o melhor da boa mesa. Talvez tenha ficado mais surpreso ainda pela pontaria certeira: um único tiro do velho 38 de Popeye derruba Alain Charnier, sua elegância, sua capacidade de compreender os melhores rótulos da *Route des Vins*, entre Baune e Dijon, sua sutileza em combinar os mais caros *cognacs* com charutos cubanos de capas impecáveis – e também todo o seu império de drogas pesadas e corrupção.

Éramos assim nos anos 70: acreditávamos na vitória do Bem sobre o Mal, mesmo quando o Bem não tinha bons modos à mesa.

O príncipe eleito

Em 1927, uma revista de Paris promoveu uma enquete para escolher o "Príncipe dos Gastrônomos da França". O escolhido, por larga margem de votos, foi um jornalista e cozinheiro gordo e sorridente, o primeiro que se dedicou a escrever sobre as boas mesas do país: Maurice Edmond Sailland, que se tornou célebre pelo pseudônimo de Curnonsky. A plataforma que levou a essa insólita vitória eleitoral tem deixado várias gerações com água na boca.

Talvez ninguém, além do maior de todos os Troigros, o Pierre, tenha definido tão bem a importância de Curnonsky para nós outros, você e eu, por exemplo, que vivemos num lugar e num tempo distantes desse remoto príncipe eleito. Pierre Troigros, o patriarca de uma família fundamental de cozinheiros, no país dos maiores *chefs* do mundo, foi o escolhido pelo então presidente francês Valéry Giscard d'Estaing para cozinhar o jantar em que Paul Bocuse, o cozinheiro dos cozinheiros, recebeu a medalha da *Légion d'Honneur*. Não por acaso Troigros escolheu uma receita de Curnonsky, o célebre escalope de salmão, para ser o prato principal na grande noite de Bocuse. Pierre Troigros definiu o livro básico de Curnonsky (*Cuisines et Vins de France*) como "uma antologia plena de sabores e odores, mais sedutora do que um conto das *Mil e uma noites*".

Aí, lá vamos nós a folhear as 730 páginas do "florilégio de sensações", como André Gide descreveu o livro de receitas de Curnonsky, e o que encontramos? Pratos que mais parecem pequenas sinfonias reunindo simplicidade, harmonia e surpresas amáveis. O que dizer da clássica salada *Vigneronne*? Seus três ingredientes principais tem na quitanda aqui perto, na avenida Tramandaí: beterraba, chicória e *bacon*. E os outros, eu encontro na minha despensa. À medida que percorremos esse florilégio, as descobertas vão se acumulando: peixe ao molho de tomates, omelete de pão frito, frango gratinado com batata palha acebolada. A surpresa vem da combinação engenhosa de ingredientes comuns do nosso dia-a-dia. Com isso, há várias gerações, ele tem encantado as mesas mais requintadas do mundo. A primeira frase do livro é uma síntese das 730 páginas que virão: "Faça o simples". Foi fazendo o simples que Curnonsky conquistou um posto único na história da gastronomia e da democracia: príncipe eleito pelo voto livre e direto.

O PARAÍSO PERDIDO

O sucesso no mundo inteiro, que se repetiu no Brasil, do livro com as anotações culinárias de Leonardo da Vinci nos permite refletir sobre um paraíso perdido, na conotação provocadora usada por Peter Burke. Leonardo da Vinci, que foi pintor, escultor, engenheiro, músico, arquiteto e, agora se sabe, também gastrônomo e cozinheiro refinado, não teria lugar no mundo dos nossos dias. Pelo menos não com o destaque que mereceu na Renascença florentina. Leonardo fazia parte de uma espécie hoje sob suspeita: os polímatas. Burke, um estudioso inglês preocupado com a extinção dessa espécie, explica que a palavra "polímata" surgiu no século 17. No mundo antigo e na Idade Média européia, não se falava em polímatas porque se supunha que os eruditos tivessem um vasto aprendizado: como Leibniz, por exemplo, que fez importantes contribuições à matemática, à história, ao direito e à lingüística. A carapuça de polímata, ainda na palavra de Burke, também serviu ao jesuíta alemão Athanasius Kircher, que escreveu (entre outras coisas) sobre a China, o Egito, magnetismo, matemática, mineração e música. E também a Isaac Newton, o qual não se restringiu aos estudos da gravidade e da ótica, que lhe valeram sua reputação: ele estudou cronologia e alquimia, e atuava na vida pública como Mestre da Casa da Moeda.

No século 19, começou o reinado de espécies predadoras como o "perito", o "profissional", o "cientista" e o "especialista". A adorável comunidade dos *flâneurs*, que amam passear das ciências exatas às perplexidades difusas, passou a ser ameaçada. A curiosidade intelectual sucumbiu à chave de galão e ao carteiraço dos donatários do conhecimento especializado. Num dos livros empolgantes que dedicou ao tema (*O Renascimento italiano*), Peter Burke destaca o historiador suíço Jacob Burckhardt, ele próprio artista, poeta e músico, jornalista e historiador, o primeiro a escrever sobre o "homem multifacetado" do Renascimento, incluindo Leonardo da Vinci. A publicação, no Brasil, das *Notas de cozinha* tem valor pelo seu próprio conteúdo, surpreendente e informativo, mas também é um alerta perturbador. Leonardo é um símbolo da valia indispensável desse "paraíso perdido" intelectual em que vivem espécies em extinção – incrivelmente ainda vivas e fortes no século 21 – que se dedicam ao mesmo tempo à engenharia e à dança, ao jornalismo e à ópera, à pintura e ao estudo do idioma chinês, ao direito e à culinária.

A gula por livros

O telefone tocou, eu sabia que deveria ignorá-lo, mas capitulando à uma espécie de irresistível vocação para o naufrágio, atendi. Era madame Queiroz. Meu coração bateu mais forte: será que ela quer falar sobre empadas? Logo me tranqüilizei, ao lembrar que a coisa mais próxima a uma empada que aqueles dentes de marfim resplandecente já tinham mastigado fora alguma nobre fatia de *filet en croute* – uma peça inteira de filé *mignon* assada lentamente num invólucro daquela massa folhada finíssima, delicada como uma pétala, que só pega o ponto em dias ensolarados. Enquanto eu divagava, a voz levemente rouca me perguntou, apreensiva:

– O que houve? Você esqueceu de escrever sobre o Dia Internacional do Livro. Tem tudo a ver com a boa mesa. Afinal, nós, leitores e compradores compulsivos de livros, somos glutões de livros.

Em minha defesa aleguei que apresentara uma reportagem na TV, exatamente no Dia Internacional do Livro, com o tema da "gula por livros".

Ela riu com um misto de desalento e sarcasmo, do outro lado da linha; imaginei a boca se abrindo num sorriso, como uma cortina desvelando aqueles dentes impecáveis:

– Desculpe, aqui em casa não tem TV nem forno de microondas.

Mas tem pisos de mármore, talheres pesados, porcelanas assinadas, paredes forradas de Portinaris... Ela é bem assim, preconceituosa, aristocrática... Diziam com maldade que abandonara uma fugaz experiência jornalística porque as unhas estavam se estragando no teclado do computador. Sempre fora, porém, uma leitora atenta e apaixonada, e a cobrança dos glutões por livros era sincera.

A reportagem da TV me levou a conversar com pessoas que compram num mês uma quantidade de livros que demandaria uma existência para serem lidos. Uma jovem professora me confessou que adquire certos livros para ler só algumas páginas – muitas vezes apenas umas poucas frases. Outro me disse que estourava o cartão de crédito todos os meses por causa de livros que não sabe se vai ler. A própria madame Queiroz é um exemplo: usando os fundos obtidos na última separação, comprou um apartamento só para hospedar sua biblioteca de vinte mil volumes. Mesmo assim, madame reconhece que ninguém foi mais guloso por livros do que Jorge Luis Borges: mesmo depois de cego, já no fim da vida, continuou a comprá-los. Na esperança de que um dia voltasse a enxergar? "Não. Apenas para me assegurar de que eles estarão sempre ali, na prateleira, à disposição."

O Quixote gourmet

Velhas novidades são sempre saborosas. Alguns janeiros atrás, chegaram simultaneamente às livrarias três edições brasileiras, publicadas por três editoras diferentes, com traduções diferentes, do *Dom Quixote*, de Miguel de Cervantes, um livro de 1604. Nos últimos quatro séculos, de Flaubert a Borges, os maiores escritores e leitores do mundo se curvaram diante da obra de Cervantes.

"Representa até hoje a mais grandiosa e acabada expressão da mente humana", escreveu Dostoiévski. Todas as leituras já foram feitas do Quixote: até o Barão Vermelho tem uma música sobre "mudar o mundo com seus moinhos de vento".

Por certo essa imagem, da potência irresistível de um homem frágil que investe contra inimigos inabaláveis, tem sido o exemplo encorajador para muitos que decidem defender causas impossíveis. Borges encontrou uma consolação elegante para justificar esse destemor trágico de certos homens que não desistem, mesmo diante da evidente impossibilidade: "A um verdadeiro cavalheiro só podem interessar causas perdidas".

No tempo do cavaleiro Dom Quixote, e também nas fantasias do cavalheiro Borges, "cavaleiro" e "cavalheiro" eram a mesma coisa, tinham a mesma inconseqüência altaneira, dando charme aos seus desatinos.

Ninguém esquece do impávido cavaleiro de La Mancha, do seu fiel Sancho Pança, um improvável escudeiro fora de forma, montado num burro. Mas poucos lembram que Cervantes, para conceder a Dom Quixote a imagem verossímil de autêntico cavalheiro, permitiu-lhe escolhas de gourmet refinado que investia boa parte dos seus recursos na boa mesa. E isso é uma espécie de ponto de partida da história, logo no primeiro parágrafo.

Depois da apresentação, na primeira frase clássica ("Num lugarejo da Mancha, cujo nome ora me escapa, vivia, não há muito tempo, um fidalgo com lança guardada, adarga antiga, cavalo magro e galgo corredor."), está lá, na segunda frase, o variado cardápio do nosso herói: "Panelada de algo que era mais vaca do que carneiro, guisado na maioria das noites, ovos fritos com torresmos aos sábados, lentilhas às sextas-feiras, filhote de pombo bravo como acréscimo aos domingos – consumiam três quartos de sua renda". Apesar de comer tudo isso, era "de rija compleição, seco de carnes, enxuto de rosto".

Dizem que cada um tem a sua leitura particular do *Quixote*. Na minha leitura fico a imaginar como ele preparava o tal pombo bravo: no forno, crocante, com cebolas e batatas? Ou quem sabe na caçarola, perfumado por um daqueles tintos soberbos de Rioja?

Pescados e sereias

Fui um marinheiro que nunca embarcou, um navegante condenado à terra firme: os caminhos da vida me desviaram das grandes travessias que prometi a mim mesmo na infância. Tive que me contentar com sucedâneos tão insatisfatórios como diários de bordo alheios e relatos de grandes navegações, textos que sempre consumi com fascínio. Meu gosto por pratos de peixes e frutos do mar, creio eu, tem a raiz exatamente nessa vocação amputada. Nem a honra de pertencer à Confraria da Costela com Arroz me afastou dos pescados.

Por falar em pescado, certa vez, num restaurante de Punta Del Este que fazia a gracinha de indicar o banheiro masculino com uma plaquinha escrita "Tiburón", ilustrada por um tubarão assustador, e o banheiro feminino com a plaquinha "Sirena", ilustrada por uma daquelas sereias do Tesouro da Juventude, uma jovem amiga perguntou ao garçom: "Moooço, o que quer dizer 'Sirena'?". Era um daqueles garçons impecáveis, que construíram a glória do serviço gastronômico uruguaio: gravata borboleta de seda preta, *summer jacket* branco imaculado, cabelos grisalhos de quem resistiu a muitas tempestades. Ele fez uma ligeira curvatura e respondeu com a voz grave, digna de um locutor da Rádio Belgrano: "Señora, sirena es un animal que es mitad mujer, mitad pescado".

Os jornais de antigamente, nas reportagens de verão, adoravam chamar as mulheres de coisas do tipo "sereias da orla", "peixões da areia" etc., talvez insinuando a possibilidade de boas pescarias? Hoje, quem se atreve? As ex-sereias e ex-peixões se emanciparam e, talvez se vingando desse passado, adoram comer peixe. Não conheci uma só mulher que desprezasse a iguaria. Em época de verão, férias, um peixinho, de preferência no forno, é a opção feminina.

O peixe, ao contrário do mundo, pode melhorar, sim, senhora. O leite deixa o peixe mais macio e saboroso. Se o peixe for fresco, deixe-o de molho por alguns minutos no leite, antes de temperar. Se o peixe for congelado, descongele diretamente no leite: ele vai ficar com sabor de peixe fresco. E por falar em peixe fresco. Para saber se um peixe está fresco, observe os seguintes detalhes: deve ter olhos e escamas brilhantes, guelras bem vermelhas e carne rija, resistente à pressão dos dedos. Com todo respeito, vamos reconhecer que são valores universais.

Cozinhar um lobo

O melhor livro de culinária que já li não fala de mesa farta nem de sabores exuberantes. É uma espécie de manual de sobrevivência diante da escassez: *Como cozinhar um lobo*, de MFK Fisher, uma dona-de-casa norte-americana que passou a vida cozinhando – e escrevendo sobre comida. Mary Frances Kennedy assinava-se assim, MFK, para disfarçar sua condição de mulher, quando só homens escreviam sobre comida. Na verdade, comida foi o pretexto de MFK para escrever sobre o mundo. O poeta W. H. Auden, que percebeu essa astúcia, considerava-a a maior escritora americana. Ela teve que fazer da precariedade um menu diário durante a Segunda Guerra Mundial, em Londres. Enfrentando longas filas com um cartão de racionamento na mão, MFK descobriu que a boa mesa não é feita de desperdício: "Os homens e mulheres que fizeram compras durante a última guerra", escreveu ela, anos depois, "terão, até seu último dia sobre a terra, uma espécie de prudência culinária: manteiga, por mais ilimitada que seja, é uma substância preciosa que não deve ser desperdiçada; as carnes também, e os ovos, e todos os temperos do mundo que vêm de longe assumem um novo significado, tendo sido tão raros certa vez. E isso é bom, pois não há negligência mais vergonhosa do que aquela para com o alimento que comemos para viver. Quando existimos sem consideração ou agradecimento, não somos homens, mas bestas". O lobo do título é uma metáfora inglesa – "*wolf at the door*" – significando que a fome está batendo à porta. No livro, MFK ensina a cozinhar o lobo, ou a fome, fazendo da escassez a motivação para a economia e a criatividade. Foi pensando nessa escritora irrepetível que travei pelo menos duas grandes batalhas nas comilanças de fim de ano. Por duas vezes tive que intervir com certa impertinência para salvar aqueles resíduos das assadeiras que, depois de assar peru ou galinha, muita gente simplesmente joga no ralo. MFK se orgulharia da minha defesa daquelas crostas que sobram, feitas de sucos, partículas douradas e compostos maravilhosos, que retêm todo o sabor e todos os aromas do assado. É um crime desprezar esse tesouro, porque com ele se fazem molhos majestosos. Ou, mais simplesmente, se lambuza uma fatia de pão fresco, transformando-a num manjar de sonho. Quem é capaz de fazer desse pequeno prazer um momento de exaltação está pronto para quando o lobo bater à porta.

Música no jantar

Música no jantar é sempre uma traição: ao maestro ou ao cozinheiro, escreveu Talleyrand. A frase é espirituosa, mas inconseqüente. O meu amigo Zé Pedro Villalobos, um jornalista que adora jazz, concorda comigo: o dilema entre as panelas ou a orquestra é tolo. O Zé Pedro, além do jazz, tem duas virtudes unânimes: a qualidade profissional e a agenda. O meu julgamento sobre a primeira virtude tem a suspeição da longa camaradagem, mas a agenda, que, por motivos inescrutáveis, ele chama de "minha agenda do PFL", deveria ser incorporada como livro-base dos cursos de jornalismo. Não há efeméride, não há prazo, não há véspera que escape aos registros minuciosos do Zé. Quantas vezes, no passado, quando trabalhamos juntos, em programas de debates e em noticiários da TV, fomos salvos pela "agenda do PFL"! Em certos dias mornos e sem manchete, a agenda nos lembrava, em matéria de jazz, por exemplo, datas alusivas a Louis Armstrong e Miles Davis, proporcionando a oportunidade de homenageá-los com pautas inesperadas. Em 13 de maio, afora o inefável registro da Princesa Isabel, o Zé teve muitos anos anotado: "Chet Baker morre em Amsterdam em 1988".

Nos dez anos da morte, houve um pronunciamento de algum senador obscuro que tomou os melhores minutos do noticiário. Nos quinze anos, também não pintou a pauta. Creio que não foi esquecimento, não foi incúria e nem desídia, foi pura incompreensão nossa. Nem o Zé Pedro, nem eu, e nem ninguém, conseguiu até hoje compreender Chet Baker, por isso adiamos a pauta. O homem que fazia uma música ensolarada se consumiu no submundo sombrio das drogas, e acabou caindo de uma janela do hotel: acidente? suicídio? homicídio? Entre os seus piores momentos, a perda dos dentes numa briga com traficantes, que tornou impossível tocar trompete, e a forma descuidada como abandonava os velhos amigos. Entre os melhores momentos, a forma cândida com que voltava aos amigos negligenciados e a determinação obstinada com que reaprendeu a tocar com dentes postiços, sublimando a dor com coragem e sons inigualáveis. "Nunca existirá outro como ele", dizem todos, inclusive Bill Moody, que, para buscar a verdade, usou todos os recursos, inclusive a ficção, misturando verdade e imaginação num romance afetuoso e digno: *No rastro de Chet Baker*, sobre os últimos momentos do gênio em Amsterdam. A música é feita dessas perplexidades da existência. Por que não se pode acrescentar humanidade e encanto a um jantar? O jazz em geral, e Chet Baker em particular, têm sido escolhas recorrentes para inundar de sons elegantes um bom jantar. Dia desses, dividi algumas horas à mesa com Anonymus Gourmet e madame Queiroz, tendo ao fundo o trompete de Chet e o piano de Russ Freeman. Nem os músicos e nem o cozinheiro (que preparara camarões ao vinho) se sentiram traídos.

Mocotó eleitoral

Pequena fábula de tempos que o PT (Partido dos Trabalhadores) era oposição e emocionava jovens e velhos com campanhas de rua que lembravam a Comuna de Paris, com a promessa de tomar o céu de assalto.

O escritor gaúcho David Coimbra deveria escrever a história, mas, como ele está sem horário, às voltas com o noticiário esportivo, e o tema envolve de certa forma a boa mesa, assumi a tarefa. O fato aconteceu com um cintilante empresário local, que chamaremos Agenor, às vésperas do primeiro turno de uma eleição daqueles tempos. Ele voltava de um mocotó eleitoral regado a vinho tinto de garrafão (com gosto de uva!), que provoca aquelas ressacas cheias de arrependimentos inconsoláveis. Vinha num Mercedes S, daqueles grandões, prateado, com vidro preto.

Partidário "da direita" (naquele tempo, o PT era "esquerda") até a alma, se preparava para cruzar a esquina da Borges com a avenida Aureliano de

Figueiredo Pinto, a esquina do Instituto de Previdência, quando fechou o sinal. E Agenor deparou-se com um bandeiraço do PT. Duas jovens belíssimas, com imensas bandeiras vermelhas e exíguas miniblusas, aproximaram-se do carro de Agenor, "cada uma delas sacudindo, além das bandeiras, seios amplos, cingidos por blusas vermelhas, como se dois pares de melões maduros balançassem em plena via pública" – escreveria o David.

Uma morena e uma loira.

Quando o Emil Ludwig perguntou a Stalin, no auge do seu poder, se ele se considerava maior do que Pedro, o Grande, o "Marechal da Paz" (como chegou a ser chamado em certos poemas da época) respondeu, pretendendo ser modesto: "Os paralelos históricos são sempre perigosos". Apesar do perigo dos paralelos históricos, Agenor avaliou que a morena que sacudia a bandeira vermelha maior era mais linda do que a Luiza Brunet quando no horário nobre. Em relação à loira, Agenor fez outra comparação: não era uma mulher, era uma Ciência, na frase histórica do dr. Toledo.

Quando as duas se debruçaram na janela do carro, "alegres, buliçosas, aquelas risadas de dentaduras perfeitas, os melões saltando para dentro do carro" (imagino as anotações do David Coimbra), a morena fez a pergunta fatal:

– Você está com o Lula?

A hipocrisia do Agenor não vacilou um segundo: virou-se para a loira e abriu os braços: "Olha só a pergunta dela!... Sou Lula desde a primeira greve do ABC!". A morena e a loira se iluminaram: "Então por que você não encosta o carro e pega uma bandeira?". E lá se foi o Agenor, com suas novas amigas.

Depois do bandeiraço, os três foram direto para um *show* de teatro engajado, e terminaram a noite num bar alternativo. Industrial conhecido, sua adesão "ainda no primeiro turno" surpreendeu governo e oposição: aos colegas empresários, perplexos, ele dava respostas evasivas, atribuindo-a a "um novo momento da cena brasileira". Depois da eleição, Agenor foi elogiado pelos banqueiros e empresários pela sua "visão dos acontecimentos", que determinou sua adesão a Lula "numa hora difícil e incerta".

Mas, na real, quando o David Coimbra encontrou-o num churrasco, logo depois dos fatos, Agenor usou um argumento gastronômico para explicar a reviravolta pessoal:

– Foi a diabólica mistura de mocotó e vinho de garrafão com melões maduros.

Sotaque italiano

Em qualquer esquina do mundo há uma pizzaria. Não há bodega do Piauí, da Alemanha ou da Nigéria em que não seja possível comprar um pacote de *spaghetti*. No interior mais remoto do país, uma cozinheira pobre, que talvez nunca tenha ouvido falar na Itália, ou em Milão, sabe preparar um bife à milanesa no capricho. Não encontrei em Milão qualquer bife que se aproximasse do "à milanesa" da minha avó. E o *parmigiana* que ela fazia? Será que haveria algo parecido em Parma? E ela não tinha uma só gota de sangue italiano, era pêlo-duro brasileira, remotamente açoriana. E assim é por toda parte. Do Alegrete a Shangai, há pizzaiolos que não têm qualquer identidade nacional com a Itália pelo sangue, mas apenas pelo molho de tomate.

O sotaque italiano, em matéria de gastronomia, transbordou fartamente os limites da colônia italiana e ganhou as ruas do mundo. Molho à bolonhesa, peixe à siciliana, lingüiça calabresa... são nomes que ecoam por toda parte onde se faça comida, e têm significado imediato para o comsumidor mais distraído.

O mais notável é que as grandes estrelas da cozinha italiana são alienígenas. Os tomates vieram da América (junto com o milho da polenta). A gênese da pizza é reivindicada pelos árabes. O macarrão, conta a lenda, foi trazido por Marco Polo da China. E a mozarela de búfala? Por certo que ela é ingrediente indispensável em qualquer mesa de antepasto verdadeiramente italiano. Mas você já ouviu falar em búfalos na Itália?

Na verdade, a mesa italiana tem a vocação de sintetizar e recriar o que antes, longe da península, não fazia sentido nem tinha prestígio. A pizza, tenha a origem que tiver, precisou passar por Nápoles para ganhar o mundo. Ainda que manadas de búfalos jamais tenham cruzado os prados verdejantes da Toscana, não há como disputar a primazia italiana em matéria de mozarela.

É um pouco o que os italianos fizeram com tantas outras coisas. A esperteza na política, que deve ser um pesadelo coletivo até no meio dos esquimós, só se tornou uma marca com Maquiavel. A sedução amorosa, que existe até entre as espécies mais brutas, tem o inevitável sotaque italiano de um personagem de ficção – Dom Juan, na verdade Dom Giovanni – e a confirmação veemente de um veneziano de carne e osso: Giacomo Casanova. A escalada não tem limites. Talvez nem os limites da face da terra: será que o Céu e o Inferno teriam o prestígio que têm se não fosse Dante Alighieri?

Doce vingança

Conheço uma sobremesa que tem a irresistível combinação do sabor ácido da uva com aquele encanto doce do chocolate. Mas tem, sobretudo, o gosto da vingança.

Lembra da condenação irrestrita dos médicos em relação ao ovo? Por pouco não foi equiparado a droga pesada. Depois, essa intransigência foi sendo mitigada, o que não deixou de indignar certas pessoas, condenadas durante anos à abstinência: "Quem vai me devolver anos de ovos fritos perdidos?", lamentou o Verissimo.

Depois do ovo, que ganhou liberdade condicional nessa revisão de conceitos dos cientistas, também o chocolate começa a ser anistiado das acusações que o marginalizavam. A partir de um estudo realizado nos Estados Unidos, ficaram conhecidos benefícios insuspeitados do chocolate à saúde humana.

Polifenóis, flavonóides, resveratrol... Agora sabemos que tudo isso existe no chocolate, e que, apesar dos nomes estranhos, não há advertências do Ministério da Saúde contra essas substâncias. Bem ao contrário. Polifenóis, flavonóides e resveratrol estão presentes no vinho tinto e no chá preto, e comprovadamente têm efeitos benéficos ao coração e às artérias. Além disso, os cientistas descobriram que o cacau tem propriedades anticancerígenas e antiúlceras. Outra boa notícia: a gordura do cacau, que era suspeita, sabe-se agora que é um nutriente de alta qualidade, com propriedades semelhantes ao azeite de oliva.

Como se não bastasse, o dr. Henkin garante que chocolate não tem nada a ver com aquelas espinhas que infernizam os adolescentes.

Persistem, entretanto, algumas acusações: por exemplo, alguns pesquisadores, e muitos usuários, afirmam que chocolate vicia. Na verdade, o termo "chocólatra" ficou notório muito mais por ser engraçadinho do que pelo rigor científico para designar supostos dependentes de chocolate.

Mesmo assim, vivemos numa era *diet*, o que torna difícil a vida dos apaixonados por doces em geral e dos, vá lá, chocólatras em particular. É um tempo áspero para os paladinos da gula, um tempo que exige muito caráter para repetir a sobremesa. Por isso, quando preparo uma de minhas sabremesas favoritas, por exemplo, as uvas no chocolate, elas ficam com certo sabor de vingança. Doce vingança... A última etapa do preparo é na geladeira. Por certo se trata de um imperativo da receita, mas é inevitável o simbolismo: a vingança é um prato que deve ser servido frio.

Molho turbinado

A *Mamma* Luciana e o Franco, para nossa alegria, continuam a fazer suas massas e molhos deslumbrantes ali na rua Dr. Vale, nº 148. Nossa dívida com mãe e filho é impossível de resgatar, porque eles reiteram um exemplo formidável: passam-se as décadas e a qualidade segue rigorosamente igual. Nem as dificuldades do tempo e da saúde impedem essa dupla notável de fazer os mesmos *tortelloni*, *lasagne* e *fettuccine*, os mesmos desde os tempos em que o Ivan namorava a guria mais bonita da vizinhança.

Vou mostrar ao Franco um relatório publicado em Paris que dá razão aos cuidados da *Mamma* Luciana na escolha de cada um dos ingredientes dos seus molhos: a excelência da comida, que todos sabemos que é fundamental para a saúde física, é também essencial para a saúde mental. A alimentação influencia as reações químicas do cérebro e determina sensações e comportamentos, diz o tal relatório. Especialmente o bom humor parece ser influenciado de forma decisiva pelo que a gente come. A banana, por exemplo, embora não entre em nenhum dos molhos da *Mamma*, é um desses nutrientes que influem no sistema nervoso, estimulando o bem-estar e a disposição, eliminando estados ansiosos e a depressão.

Mas o espinafre a *Mamma* usa, e é destaque no relatório publicado em Paris: o potássio e o ácido fólico desse precioso ingrediente da lasanha previnem a depressão. Espinafre tem também fosfato, vitaminas A, C e do complexo B, que ajudam a estabilizar a pressão e garantem o bom funcionamento do sistema nervoso. Também merece elogios outro ingrediente da lasanha: o tomate, personagem principal do molho *al sugo*, aquele molho vermelho, feito de tomate misturado com tomate, que fica a ferver durante horas, melhorando de sabor a cada minuto que passa.

Parece que o tomate surgiu no México e, primeiro, se espalhou pelas Américas, cultivado pelos astecas e incas. Os conquistadores espanhóis do século 16 tiveram esse mérito de levar o tomate para a Europa. Os franceses adoraram a novidade e se referiam ao tomate como sendo a "maçã do amor". Na Alemanha ele era chamado de "maçã do paraíso". Mas foram os italianos que transformaram o tomate num *best-seller*, incluindo-o em molhos e saladas. Hoje, é ingrediente de uso universal e, para a saúde, tem grandes vantagens: não engorda e é um poderoso anticancerígeno, graças ao licopeno, que ajuda a evitar o câncer na próstata. Como se não bastasse isso, o tomate também contém cálcio, ferro, vitamina C, vitamina A e potássio e combate a depressão.

Não sei se o Franco imaginava que o molho vermelho da *Mamma* estava com essa bola toda.

O MELHOR VINHO DO MUNDO

Para desgosto dos franceses, foi um americano, Robert Parker, quem realizou as melhores avaliações dos vinhos da França nos últimos vinte anos. Desgosto resignado, diga-se, porque tanto Bordeaux como também a Bourgogne (para não falar nas outras regiões) foram vencidas e convencidas pelos juízos de Parker. Seus adeptos que hoje são muitos, e fervorosos, elogiam seus "inatacáveis juízos orientados pela imparcialidade severa, pela qualificação técnica inexcedível".

Talvez tudo isso seja exagero, mas não há como negar sua sensibilidade para perceber, por exemplo, em certas garrafas do Château Margaux, coisas como "charme" e "elegância". Foi diante de uma dessas garrafas que Robert Parker se rendeu: a severidade do julgamento transformou-se em deslumbramento, os parâmetros técnicos viraram êxtases, e ele sucumbiu a uma espécie de perplexidade encantada, não hesitando em conceder inacreditáveis cem pontos em cem possíveis a uma garrafa do

Château Margaux safra 1990. Diante de nenhum outro cálice esse homem, que bebeu o melhor de tudo, se rendeu de forma tão completa e definitiva. Certas safras de Richbourg, Romanée Conti, Mouton Rotschild, Château Haut Brion e tantos outros comemoram ter chegado a 95 pontos nas severas degustações de Parker. Mas o Margaux safra 1990 chegou aos cem! Conta a lenda que a nota cem estaria reservada para o tinto que Parker planejava experimentar nos vinhedos do Senhor, quando a hora chegasse. Os acontecimentos se precipitaram e, com isso, há quem exagere considerando que o Margaux 1990 é "o vinho mais perfeito que já se produziu sobre a Terra".

Estávamos justamente diante de uma garrafa dessas – um Château Margaux safra 1990 –, um pequeno grupo liderado pelo Dr. Abu e por Anonymus Gourmet, numa mesa do Pavillon Margaux, simpática estalagem que fica ao lado dos vinhedos legendários. Alheio aos conselhos de Parker, que, no seu substancioso manual, recomenda sempre o "melhor momento" para degustar cada um dos grandes vinhos que ele apresenta, Anonymus, pálido como Bonaparte diante do cerco, aparentemente inexpugnável, dos austríacos em Marengo, lançou a única divisa que se esperaria de um general de verdade: "Vamos antecipar para agora esse instante de sonho". Retirada a rolha, com o escrúpulo que se exige de um cirurgião, o garçom perguntou sobre o acompanhamento do vinho: "Quem sabe um queijo e um pãozinho?".

Anonymus, outra vez, foi magnífico: "Acompanharemos este milagre engarrafado apenas com a nossa reverência respeitosa".

Velhas garrafas

Ovo do dia, vinho do ano, amigo da vida inteira – é um provérbio italiano antigo. Quanto ao ovo do dia e ao amigo da vida inteira, não há dúvida: dificilmente teremos surpresas com qualquer dos dois. Mas... E o vinho do ano? A toda hora se ouve dizer que o vinho "quanto mais velho melhor". Hoje se sabe que não é bem assim. Algumas garrafas ficam decrépitas em pouco tempo. O vinho tem um tempo certo de maturação, de "desenvolvimento" na garrafa, dizem os entendidos. Ele cresce, ganha complexidade... Enfim, aquela linguagem, às vezes complicada e insondável, que o jornalista Armando Coelho Borges feriu tão bem com o florete afiado de sua ironia:

– Usam uma linguagem pedante que informa tanto sobre o vinho quanto um copo vazio. Falam de aroma penetrante. Consistência aveludada. Áspero. Desequilibrado. Redondo. A gente se espanta e chega a pensar: será que tomei tudo isso?

Na verdade, tentar explicar um vinho tem o sabor amargo de uma autópsia. É a tentativa de fazer uma ressurreição de sabores e sensações que existiram apenas num único instante, em que o gole de vinho cruzou o palato.

É inesgotável a literatura sobre os bons vinhos. Mas o que é um bom vinho?

"O bom vinho é uma necessidade da vida", escreveu Thomas Jefferson, definindo com clareza de cristal a primeira categoria. "A vida é curta demais para beber vinhos baratos", murmurou, definindo a segunda categoria, quase cuspindo, depois de um gole do *vin d'honneur*, o barão de Rotschild, que conseguiu produzir e beber alguns dos vinhos mais caros do mundo.

É claro que existem aqueles vinhos intermediários, de alta qualidade e bom preço, produzidos nas vinhas emergentes do terceiro mundo. Certas safras da Serra Gaúcha chegam a dar esperanças aos bebedores brasileiros.

Mas é inevitável admitir que as velhas garrafas sobrevoam como fantasmas esses sonhos justos das jovens videiras dos produtores emergentes. A bela Corinne Mentzelopoulos, titular do Châteaux Margaux, no início deste século, decidiu promover a degustação de uma garrafa da safra 1900 do Château Margaux. Todos temiam abrir um vinagre, mas, mais de cem anos depois, o vinho revelou-se impecável. E um dos degustadores anotou que, com mais alguns anos, estaria ainda melhor. "Não conheço nada mais próximo da eternidade" – disse Corinne, enquanto observava, com certa cobiça no olhar, uma garrafa empoeirada de 1868.

Um copo e um prato

Uma anedota trabalhista da pré-história da informática: o presidente de uma grande empresa automobilística norte-americana, percorrendo suas recém-inauguradas instalações industriais, à frente de um grupo de visitantes, aponta o gigantesco computador e, com uma pitada de orgulho, informa que aquela máquina substitui duzentos operários. Um dos visitantes, presidente de um sindicato de trabalhadores, então, perguntou:

– Presidente, quantos carros esta máquina compra?

Nessa aguda ironia, uma síntese: o desemprego, além de ser o drama humano que comove a nossa época, é um prejuízo para o mercado. Duas centenas de vagas de trabalho a menos têm conseqüências que vão além das feridas emocionais dos demitidos. A racionalização dos custos também resulta em menos carros vendidos.

A Espanha, na industrialização acelerada dos anos 1980/1990, junto com os lucros assombrosos da modernização, bateu recordes em taxas de desemprego. A tendência alarmante foi revertida com investimentos maciços no turismo, uma área em que máquinas não substituem pessoas. Ainda não inventaram computadores capazes de ocupar os postos de milhares de camareiras de hotel, garçons, cozinheiros, atendentes, guias de viagem e uma infinita cadeia de empregos indiretos que, de alguma forma, passam por quase todos os serviços do comércio e da indústria. Desde que começaram a investir pesado no turismo, os espanhóis viram suas taxas de desemprego caírem pela metade, enquanto dobrava o ingresso de divisas. Entre todos os tipos, o chamado turismo enogastronômico, em torno do vinho e dos restaurantes, é o que mais engorda, além dos viajantes, também as divisas do país visitado. Não por acaso a França prospera, recebendo anualmente um número de visitantes superior à sua população.

Para o sucesso do turismo enogastronômico, a França, a Espanha e mesmo os vizinhos Argentina e Chile nos ensinam que o ponto número um é a valorização do vinho local. Seguidamente nossa equipe da TV, gravando programas na França, em Portugal e na Espanha, confere vinhos e pratos, tascas, bistrôs e restaurantes. Como sempre, vivemos as coisas de lá com a alma daqui. Os vinhos nos encantam pelo sabor e aroma, mas, sobretudo, pelo exemplo que produtores e consumidores franceses, espanhóis e portugueses podem ensinar aos que lidam com nosso vinho. No outono de 2004, nossa chegada ao Brasil coincidia com o final da colheita da uva na Serra Gaúcha, com a promessa de uma safra histórica. Em Caxias do Sul e Bento Gonçalves, as previsões mais otimistas pareciam ter sido ultrapassadas. Benildo Perini, presidente da Associação Gaúcha dos Vinicultores, afirmava que "estamos diante da maior e melhor safra de todos os tempos" e sorria para os seus vinhedos em "Y". Ayrton Giovanini levantava uma taça do seu merlot Don Giovanni e dizia, misterioso, mas eufórico: "Vocês vão se encantar com o que vem aí!".

Entretanto, nessa safra que se prenunciava histórica, de 2004, e em todas as safras, todos os anos, o problema dos produtores brasileiros de vinhos é o desamparo que aguarda "o que vem por aí". Os vinhos nacionais começam esmagados pela voracidade e pela incoerência tributária do governo brasileiro, que torna os vinhos chilenos, argentinos e uruguaios mais baratos do que os brasileiros. Depois, nossos vinhos precisam vencer todos os problemas de tecnologia, de solo, de clima, de escolha das cepas, de modernização do cultivo. Engarrafado, o vinho brasileiro enfrenta ainda o maior de todos os inimigos: o preconceito dos consumidores, um monstro invisível, grande e poderoso, nutrido pela desinformação e pela indiferença oficial.

O "vinho importado", por pior que seja a garrafa, é tratado com pompa e reverência. E não apenas por consumidores ingênuos e desinformados. Os produtores nunca esquecem uma comitiva com estrelas do primeiro escalão da República que, visitando a Serra Gaúcha, brindou com vinho chileno. A platéia de vitivinicultores brasileiros ficou perplexa.

Os franceses, italianos, espanhóis, portugueses, argentinos e, claro, também os chilenos, argentinos e uruguaios nos ensinam: em cada um desses países (e também na África do Sul, Nova Zelândia, Austrália, Israel e por onde se faça vinho), bebe-se o produto do país. As empresas aéreas internacionais dão o exemplo, servindo a bordo os vinhos dos respectivos países. Nos vôos da TAP, em todas as classes, da econômica à primeira, não há hipótese de alguma garrafa falar francês: são servidos ótimos tintos e brancos portugueses, de variados tipos. E, pelos sabores e aromas dessas boas garrafas, o visitante começa a conhecer o país. Nisso aí tinha a mão do meu amigo Mór, que ficou muito impressionado com um provérbio local: "Quem bebe um copo de vinho português enche o prato de um trabalhador português".

A excelência de certas safras do vinho gaúcho pode ser um bom estímulo para o primeiro escalão da República, e também a cada um de nós outros. É hora de encher o copo com algum produto da serra do Rio Grande e erguer um brinde: o copo, além do prazer para quem bebe, vale – como ensinam os portugueses – um prato de comida na mesa do trabalhador que produziu o vinho.

Consolo dos deuses ou caldo do demônio?

O vinho teria sido descoberto pela amante do rei Jamsheed, da Pérsia (atual Irã), que também descobriu seus benefícios à saúde. O rei gostava tanto de uvas que, para poder comê-las durante o ano todo, costumava estocá-las em vasos. Certo dia, as frutas de um desses potes fermentaram, e ficaram amargas – ou melhor, se tornaram vinho! Achando que o líquido resultante desse processo estivesse envenenado, o rei escreveu uma advertência no vaso. O aviso atraiu sua amante, que havia decidido se matar, e ela bebeu o líquido. Em vez de morrer, ela começou a se sentir muito feliz, relaxada, e dormiu bem como não conseguia havia tempos. Quando soube do "milagre", o rei passou a ingerir com freqüência o novo tônico, que logo ficou famoso por seus poderes de cura e foi chamado de "Medicina Real".

Tenho dúvidas se essa história da origem do vinho é verdadeira. É uma das tantas que circulam na literatura. Pela repetição, deve ter um fundo de realidade. De qualquer modo, se *non è vero*, é uma bela sacada sobre a primeira relação histórica entre vinho e benefícios à saúde. Quase todos nós pensávamos que essa relação entre vinho e saúde era uma novidade científica dos últimos vinte anos. Na verdade, há quarenta séculos, povos antigos, como os egípcios, judeus, gregos e romanos, já receitavam o vinho como anti-séptico, tranqüilizante, hipnótico, antináuseas, estimulante de apetite, digestivo, antianêmico, diurético, laxante, antibacteriano, antitérmico, cicatrizante e, é claro, como tônico reanimador.

O grande Marco Antônio dizia na Roma antiga que o vinho era o "consolo dos deuses". Os grandes bancos internacionais, mais de vinte séculos depois, concordam com os deuses e estão encantados com o retorno dos seus pesados investimentos. A economia mundial parece inebriada: só no ano de 2002, o mercado de vinhos movimentou 250 bilhões de euros, vale dizer quase um trilhão de reais. E, para os próximos três anos, havia uma projeção de crescimento de quase 10%. O vinho crescia em 2003 – como atividade econômica e como consumo –, apesar do cenário de incerteza e crise da economia mundial. Um único contratempo grave modera o impressionante incremento do comércio mundial de vinhos: as campanhas contra o alcoolismo e contra a bebida ao volante, que determinaram a queda de consumo na França de 120 litros per capita, em 1962, para sessenta litros, em 2002. Essas campanhas justíssimas só não reduzem o consumo de forma mais veemente porque o grande apelo do vinho neste terceiro milênio não é para que os velhos aficionados bebam mais – e nem para que os franceses continuem a dirigir bêbados. Mas, sim, para que outras pessoas, e mais pessoas, bebam vinho, de preferência moderadamente e nos momentos certos. A convicção científica é cada vez mais veemente sobre as virtudes do vinho consumido com moderação. Mas o que é o consumo moderado? Um relatório da Universidade de Harvard, nos Estados Unidos, concluiu o que é beber moderadamente para os homens: duas doses de uísque ou outro destilado por dia, ou meia garrafa de vinho por dia, ou duas garrafinhas de cerveja, dessas tipo *long-neck*, por dia. Meia garrafa de vinho por dia não chega a ser exatamente um ato de avareza. Mas as mulheres, está lá no relatório, devem beber a metade.

Na verdade, o vinho deixou de ser um "trago", para ganhar a dimensão de um alimento precioso para a saúde humana. Os novos aficionados estão ensinando esse caminho: os países do norte da Europa e o Japão, tradicionais não-produtores de vinhos, para lembrar um exemplo expressivo, povos que consumiam menos de 9% da produção mundial, pularam nos últimos anos para 34% do consumo.

Números entusiasmantes para quem defende o "consolo dos deuses" com argumentos medicinais para dar dignidade à sua sede. Mas são desoladores e alarmantes para os fundamentalistas que reduzem o vinho a um "caldo do demônio". A História registra desde sempre essa polêmica entre os dois lados. A visão serena e o equilíbrio em relação ao vinho – e aqui não conheço controvérsias – foram inventados por Charles Baudelaire, logo ele, um extremado. Sempre digo que não conheço melhor texto sobre a matéria do que as páginas incomparáveis de *Paraísos artificiais*, que merecem um recital de mesa de bar. O grande poeta fala de "volúpias perigosas e fulminantes do vinho", mas também não esquece o "sol interior que o deus da videira desperta". Baudelaire acreditava que o vinho, na sua grandeza e na sua miséria, se parece com um homem: não se saberá nunca de quantos atos sublimes ou perversidades monstruosas ele é capaz.

O menino do Aero Willys

Morro Reuter é uma de minhas primeiras, digamos assim, memórias gastronômicas, anos 50 e 60, quando íamos a Caxias, meu pai pilotando o flamante Aero Willys serra acima. Parávamos para o café colonial, e ali descobri pela mão do pai o encanto inexcedível de um sanduíche feito de fatias de cuca açucarada com boa manteiga colonial e salame italiano. Depois, Morro Reuter se tornou uma referência pessoal naqueles sábados nublados que pedem uma mesa farta, de sotaque alemão e alguma cerveja, antes da sesta inevitável.

Numa tarde ensolarada de primavera, voltei lá, na 10ª Feira do Livro da cidade. Que coisa boa descobrir que, bem ali onde o velho Aero Willys recuperava forças para a subida da serra, surgiu uma cidade de leitores atentos e generosos.

O prefeito Sabá, a Elaine, a Carla, a Andréia e tantos outros transformaram Morro Reuter em capital nacional da leitura. Além do café colonial inexcedível e da mesa farta, a pequena cidade tem o segundo maior índice de alfabetização do Brasil, mas logo, logo vamos buscar a *pole position*, promete o Sabá. Durante a Feira do Livro, a Prefeitura e as empresas distribuíram bônus de dez reais para comprar livros. E o estímulo à leitura não se restringe à feira: durante o ano inteiro, todos têm meia hora para ler no expediente de sexta-feira.

Foi nesse ambiente de livros e leitores, na praça central da linda cidade cercada de morros verdejantes, que crianças de quatro e cinco anos, alunos da Andréia, com o avental e a gravatinha clássica do Anonymus, imitando o meu personagem da TV e faziam uma receita de pizza de pão em plena praça. Cada um fazia uma etapa da receita, que contém em si uma lição de economia: o aproveitamento de pão dormido que, com o presunto, o tomate, o queijo e um toque de orégano, se transforma num manjar. O carinho das crianças, lembrando as falas do Anonymus na TV, veja só, e fazendo o tipo de receita simples e prática que eu adoro.

Aquelas crianças me repetiam. Não só pela receita, ou pelo avental e a gravatinha: reconheci nelas o menino do Aero Willys. Pena que sobraram apenas restos do menino que passou, como diria Paulo Mendes Campos, rastros erradios de um caminho que não vai e nem volta, e que circunda a escuridão como os braços de um moinho.

O batizado do Alarico

No fim de semana passado tive a alegria de encontrar dois amigos que não se conhecem e que, descobri com emoção, têm algo em comum: o Lauro Schirmer e o Alarico.

O Lauro, depois de problemas de saúde, estava de volta, renascido. Para quem está chegando agora (como diz Anonymus Gourmet), é um dos principais jornalistas da cidade. Sua impecável biografia profissional tem pontos altos: entre outros, esteve na equipe da inesquecível *A Hora* e ajudou a construir a liderança da *Zero Hora*. Quase todos nós cultivamos alguma gratidão secreta ao Lauro, que tem participado de importantes conspirações do bem. Anonymus Gourmet, afora gentilezas pessoais, develhe uma revelação: Donna Leon, a mais importante e a mais refinada escritora contemporânea de livros policiais, que criou o comissário Brunetti, que sempre imagino parecido com o Lauro. Reservado, atento, incapaz de negar um sorriso aos seus afetos. Como se fosse uma metáfora, reencontrei o Lauro, junto com a inexcedível Celia Ribeiro, na platéia de *Encontros e desencontros*, um filme sobre pessoas que parecem estar no fim, cercadas pelas suas desesperanças, e que descobrem, numa manhã estranha e luminosa de Tóquio, que suas vidas apenas recomeçam, aquecidas por uma chama improvável e inesperada.

O Alarico é um jovem de pele bronzeada e olhos azuis que está perturbando as guriazinhas do Menino Deus. Desde muito jovem mostrava sua vocação de *pop star*, em algumas participações marcantes na TV, no programa do Anonymus Gourmet. Sua estréia foi ainda na barriga da Márcia, atrapalhando a feitura de um bolo de ameixas. Agora, já veterano na vida, com quase cinco meses de idade, olha para as câmeras com aquela expressão meio *blasée* de quem está farto da mídia. Domingo passado, na condição de padrinho, temi que, diante do padre Severino, da Igreja Sagrada Família, o Alarico pudesse dar algum lance de estrelismo, quem sabe se atirando na pia batismal. Ainda mais agora, depois que nasceu o primeiro dente. Mas, durante as longas horas do batizado, o Alarico (que algumas pessoas, incluindo o escrivão do Registro Civil, insistem em chamar de Miguelangelo) comportou-se com a calma e as boas maneiras de um profissional. Estava alegre, atento, estimulado, bem-disposto. No almoço, aprovou o churrasco e chegou a provar o suco de um pedacinho de picanha. Foi uma descoberta.

Adivinhei no Alarico o mesmo sentimento do Lauro Schirmer: tudo está apenas começando. É o que ambos têm em comum. Como escreveu Le Corbusier, já muito velho, e ainda muito confiante, num dos seus recomeços: novos olhos, desviados das coisas mortas, enxergando mundos novos por fazer.

O abismo do arroz empapado

O que fazer diante daqueles convivas que torcem o nariz com repugnância diante do nosso bife malpassado, que parece sangrar no prato? "Sorria e continue se deliciando", é a sugestão de Robert L. Wolke. Esse conselho iluminante vale para a vida em geral. Acho graça, por exemplo, quando percebo algum nariz torcido diante de livros de culinária, como se pertencessem a uma categoria literária de gosto duvidoso, que exige uma habilidade menor.

Ora, ora, enaltecer uma paisagem é fácil, mas tente descrever com clareza o passo-a-passo de um pãozinho de minuto. É a tal história do que é verdadeiramente difícil, na definição antológica de Lawrence Olivier, lembrada pelo personagem de Peter O'Toole em *My favorite year*:

– Morrer é fácil. Comédia é que é difícil.

Não digo que tenha sido fácil para Dante Alighieri o relato da descida ao Inferno, mas, convenhamos, os procedimentos de certos suflês exigem narradores experimentados. É o que devem ter pensado as autoridades do ensino norte-americano: escrever receitas culinárias é um exercício literário que vem de ser reconhecido pelas mais importantes universidades dos Estados Unidos, e "escritor culinário" é uma das especialidades que começa a ser oferecida aos jovens universitários.

Ítalo Calvino, no seu inexcedível *Seis propostas para o próximo milênio*, destaca como um dos momentos notáveis da literatura italiana o texto em que Carlo Emílio Gadda descreve uma receita culinária: "...sua receita de risoto à milanesa é uma obra-prima da prosa italiana e da sabedoria prática, pelo modo como descreve os grãos de arroz em parte ainda revestidos pelo invólucro ('pericarpo'), as panelas mais apropriadas, o açafrão, as várias fases da cozedura".

Como se vê, a conversa, definitivamente, chegou à cozinha. Até a conversa literária.

Seis propostas para o próximo milênio tem também outros temperos. O volume de menos de 150 páginas é um livro de auto-ajuda ao contrário. Enquanto os livros de auto-ajuda vendem milhões dando respostas, Calvino faz perguntas. Além disso, cultiva desconfianças, principalmente de si próprio: "Posso, pois, definir negativamente o valor que me proponho defender. Resta ver se, com argumentos igualmente convincentes, não se possa também defender a tese contrária". De certa forma, é aquela mesma inquietação que temos, pilotando o fogão, quando o risoto vai se aproximando de forma inexorável do final, e nossa reputação depende da quantidade certa de caldo a ser acrescentado. Uma colher de caldo a mais pode ser um triunfo ou, então, a tese contrária: o suficiente para nos lançar no abismo do arroz empapado.

Perfume de café e pão rústico

Como escreveu Gilberto Braga, o mais encantador nas histórias do inspetor Maigret – às vezes mais do que a história em si – é o ambiente, o cenário, as ruas com seus tipos interessantes, os cafés enfumaçados, as refeições copiosas regadas a bom vinho ou a sórdidas canecas de cerveja...

A memória de Maigret que carrego é remota, mas intensa: mistura essas aquarelas vivas da vida quotidiana e o texto primoroso com que elas foram pintadas. Meninos ainda, na aula de francês, o Ivan e eu tínhamos a adorável obrigação de ler *L'Affaire Saint-Fiacre*, *Le chien jaune* e outras pérolas no original: livros tão bem escritos, redigidos com tanta clareza que, com pouco mais de dez anos de idade, com três semestres de francês, munidos de um pequeno dicionário, éramos capazes de ler, compreender e nos comover. Tínhamos a impressão de que, em vez de tratados tediosos ou de Anatole France, talvez por engano ou quem sabe por algum sortilégio inexplicável, as professoras nos concediam mágicos brinquedos de armar em forma de livros na hora dos estudos. Do *L'Affaire Saint-Fiacre*, tantos anos depois, me ficou algo parecido com a emoção de Gilberto Braga: a atmosfera misteriosa, o frio terrível do amanhecer na velha abadia, o perfume de café com pão rústico de campanha...

Georges Simenon, o criador de Maigret, um belga que reconstruiu seu mundo imaginário e sua cidadania na velha Paris, amava cerveja, *calvados* e a mesa farta. Foi um escritor prolífico que escrevia com grande rapidez e, segundo confessou, cortava de forma impiedosa as protuberâncias do texto: "Gasto mais tempo cortando excessos do que escrevendo". Durante muitos anos chegou a ser o escritor que mais vendeu livros no mundo em todos os tempos, mais do que a Bíblia, mais do que Lênin e Mao Tsé Tung. Aliás, Mao fazia parte da legião de leitores fervorosos de Simenon.

O destacamento brasileiro dessa legião imensa de leitores fervorosos recebeu com vibração a boa notícia de que Maigret e esse mundo fascinante de cheiros, sabores, mistérios e pequenos enigmas quotidianos criados por Simenon estava de volta, em português, com versões de texto irretocável, em reedição de bolso, da Nova Fronteira e da L&PM. O Ivan, fiel a remotas emoções adolescentes, foi o inspirador dessa conspiração do bem, que teve como cúmplice o Carlos Augusto Lacerda, neto de Carlos Lacerda. Numa dessas admiráveis coincidências históricas, a nova série brasileira de Maigret começou a ser editada em 2004, meio século depois dos turbulentos acontecimentos políticos em que Carlos Lacerda foi ferido no atentado da rua Toneleros e Getúlio Vargas acabou se suicidando. Carlos Augusto Lacerda não estaria aqui para celebrar a reedição dos livros de Simenon se aquela bala de cinqüenta anos atrás, do atentado da rua Toneleros, em vez de ferir o pé do seu avô, tivesse escolhido o rumo do coração do filho de Lacerda, Sérgio, então com 14 anos, presente na cena do crime. Sérgio Lacerda, mais tarde, viria a ser pai do Carlos Augusto, e reservou seu coração, poupado daquela bala perdida, para, entre outras virtudes, amar Maigret e apresentá-lo ao Brasil, 25 anos antes dessa nova reedição.

Na reedição, a suprema delicadeza dos novos editores foi começar a série com o perfume de café e pão de campanha do *Caso Saint-Fiacre.*

A vida nos campos da morte

É difícil entender por que a estréia nacional do filme *Olga*, no primeiro dia do Festival de Cinema de Gramado de 2004, comoveu tanto o público. Não havia nada mais improvável do que aquela história que todos aguardávamos bem-comportados, na platéia lotada, quando se apagaram as luzes. Era um filme sobre coisas mortas e esquecidas: o comunismo, as grandes causas, os amores impossíveis, a repulsa às perseguições aos judeus...

O diretor Jayme Monjardim conseguiu deixar o filme grandioso porque olhou esses velhos temas esquecidos sob o ponto de vista da emoção. Despreocupou-se em questionar criticamente as escolhas táticas de Prestes ou de Olga, colocou num respeitoso segundo plano, com muita delicadeza, as opções ideológicas de ambos, porque, afinal, como escreveu Garaudy, se eles combatiam o mal absoluto, como não acreditar que estavam ao lado do bem absoluto? Isso permitiu que o filme se ocupasse do que havia de mais grandioso na história: a mistura de fragilidade e de força, quase sobrenatural, que fazia aqueles dois jovens vacilarem entre a paixão irresistível e a salvação da humanidade.

Valores empoeirados como a honradez pessoal e a capacidade de acreditar em causas impossíveis ganham o justo destaque no desempenho de Fernanda Montenegro, que torna pungente o triunfo de dona Leocádia salvando a neta da Gestapo. Enquanto isso, Camila Morgado se transfigura na emoção de Olga Benario Prestes, no campo de concentração nazista, quando descobre que a filha está viva e em segurança. Ela grita, tem certeza que é humana, de alguma maneira o resgate da pequena Anita a redime. Convoca as companheiras a varrer o chão, a organizar o espaço, para provar aos carrascos, mas também a elas mesmas, que nenhuma tortura, nenhuma humilhação vil lhes poderia retirar a dignidade humana. E cada uma daquelas judias indefesas parece deixar de sentir pena de si mesma. Seu infortúnio sobrevive como um emblema tardio, nem por isso menos resplandecente.

Lançado no circuito comercial, o filme se transformou num triunfo de bilheteria. Os jornais falaram num divórcio entre a crítica, que tratou *Olga* com pouco caso, e o público que teimava em se emocionar e, como aconteceu na estréia nacional em Gramado, bater palmas no final. Quando se acendiam as luzes, os críticos sacudiam a cabeça contrafeitos, e o público enxugava as lágrimas comovido – no fundo, pela mesma razão: o filme parece uma novela da Globo. Esse defeito, denunciado pelos jornais, pode ter sido a virtude que encantou os espectadores.

Em Gramado, depois da sessão de estréia, alguns de nós ainda com os olhos vermelhos da emoção, jantamos com dona Hertha Spier, que padeceu suplícios semelhantes aos de Olga Benario Prestes: esteve em três campos de concentração, mas conseguiu se salvar.

Dona Hertha foi submetida a todas as humilhações nos campos da morte. Durante o jantar, repuxou a manga da blusa, e apareceu a inscrição A21646, que dá título ao livro esplêndido que Tailor Diniz escreveu sobre ela. Os ingleses invadiram o campo de concentração antes da morte de Hertha. Mas sua irmã – assim como a amiga de Olga no filme, e como a própria Olga – sucumbiu antes da redenção. O dr. Lucio, filho de Hertha Spier, que a acompanhou no nosso jantar, nos contou que Hertha ficou mais emocionada com *Olga* do que com *A lista de Schindler*.

Olga lhe pareceu "mais verdadeiro".

Depois de enxugadas as lágrimas, dona Hertha nos disse que, recentemente, na Alemanha, na cidade onde se localizava o último campo de concentração em que esteve, recebeu do prefeito um pedido de desculpas e uma cópia da sua certidão de nascimento extraviada. Naquele momento, teve a sensação de renascer, confessou ela. Em seguida à confissão, comeu o chocolate da sobremesa, ergueu a taça e propôs um brinde à vida.

Fiquei pensando nesse triunfo de um filme brasileiro que transforma uma velha fábrica do Rio de Janeiro em campo de concentração, com neve artificial sob o calor de 40 graus e, mesmo assim, se torna verdadeiro, despertando emoções genuínas em corações tão diversos. Da velha sobrevivente do campo da morte aos jovens que não sabiam detalhes do horror nazista, a maior parte do público enxuga as lágrimas quando se acendem as luzes no final de cada sessão de *Olga*. Tragédias remotas, aparentemente fora de moda, voltam a sangrar e a comover. Quem chora talvez tenha a esperança de não perder as ilusões.

Comilanças e bebedeiras

No Floridita, em Havana, Hemingway estabeleceu o fantástico recorde de dezesseis daiquiris consumidos numa única tarde, "voltando depois para casa pelas próprias pernas, sem ser carregado", como foi consignado na parede do bar.

Gabriel García Márquez amava essa história do recorde de mesa de bar. Ele sempre teve fascinação pelos exageros, pelas comilanças indescritíveis, e pelas bebedeiras lendárias de Hemingway. Tentou encontrá-lo várias vezes nos restaurantes de Paris, quando ambos viviam lá, nos anos 50. Mas conseguiu vê-lo apenas uma vez. De longe.

García Márquez não passava de um autor desconhecido naquele dia chuvoso da primavera de 1957, em Paris, quando descia o Boulevard Saint-Michel e viu, do outro lado da rua, entre os transeuntes, a figura célebre de Ernest Hemingway, imenso e inconfundível, com seus quase dois metros de altura, caminhando despreocupadamente.

Numa saborosa crônica publicada no diário cubano *Granma*, García Márquez escreveu que naquele momento, emocionado pela visão inesperada, teve o ímpeto de atravessar correndo até a calçada oposta para confraternizar com seu ídolo. Prudentemente, no entanto, se conteve:

– Eu não tinha muita confiança no espanhol dele. Nem no meu inglês.

Limitou-se a gritar:

– Mestre!

E García Márquez recebeu em troca, da outra calçada, o aceno amistoso de um sorridente Hemingway: "Ele compreendeu que não poderia haver outro mestre na multidão de estudantes do Boulevard Saint-Michel". Hemingway fez mais, além de acenar ao jovem desconhecido. No castelhano possível, berrou:

– Adiós, amigo!

Nunca mais os dois voltariam a se cruzar.

"O meu Hemingway pessoal" é o título desse relato em que García Márquez preservou aquele instante fortuito quando o mais famoso Prêmio Nobel dos anos 50, então no auge da fama, retribuiu à sua comovida reverência de escritor principiante. Mal sabia o insuperável autor de *Adeus às Armas* que aquele anônimo admirador do outro lado da rua, menos de três décadas depois, também chegaria a conquistar o Prêmio Nobel, em grande parte sem dúvida por ler e reler com atenção suas lições de concisão e clareza verbal, como no conto *Os assassinos*; ou no emocionante relato da luta do velho Santiago para matar e depois para salvar o grande peixe, em *O velho e o mar*. Hemingway escrevia de manhã bem cedo, na primeira luz da aurora. Mas à tarde estava a postos para as comilanças indescritíveis, as bebedeiras lendárias, os recordes de daiquiris – excessos que, por certo, iluminavam as obras-primas da manhã seguinte.

Este livro não existiria se não fosse o amigo Luiz Mór e sua magnífica equipe da TAP Air Portugal, que me ajudaram a percorrer os cenários onde se passaram ou onde foram construídos quase todos os textos destas páginas.

Minha gratidão é imensa.

E vai viver no coração.

J. A. P. M.

Coleção L&PM POCKET

216.**Confissões de um comedor de ópio** – Thomas De Quincey
217.**Os sofrimentos do jovem Werther** – J. Wolfgang Goethe
218.**Fedra** – Racine – Trad. Millôr Fernandes
219.**O vampiro de Sussex** – Conan Doyle
220.**Sonho de uma noite de verão** – Shakespeare
221.**Dias e noites de amor e de guerra** – Eduardo Galeano
222.**O Profeta** – Khalil Gibran
223.**Flávia, cabeça, tronco e membros** – Millôr Fernandes
224.**Guia da ópera** – Jeanne Suhamy
225.**Macário** – Álvares de Azevedo
226.**Etiqueta na Prática** – Celia Ribeiro
227.**Manifesto do partido comunista** – Marx & Engels
228.**Poemas** – Millôr Fernandes
229.**Um inimigo do povo** – Henrik Ibsen
230.**O paraíso destruído** – Frei Bartolomé de las Casas
231.**O gato no escuro** – Josué Guimarães
232.**O mágico de Oz** – L. Frank Baum
233.**Armas no Cyrano's** – Raymond Chandler
234.**Max e os felinos** – Moacyr Scliar
235.**Nos céus de Paris** – Alcy Cheuiche
236.**Os bandoleiros** – Schiller
237.**A primeira coisa que eu botei na boca** – Deonísio da Silva
238.**As aventuras de Simbad, o marújo**
239.**O retrato de Dorian Gray** – Oscar Wilde
240.**A carteira de meu tio** – J. Manuel de Macedo
241.**A luneta mágica** – J. Manuel de Macedo
242.**A metamorfose** – Kafka
243.**A flecha de ouro** – Joseph Conrad
244.**A ilha do tesouro** – R. L. Stevenson
245.**Marx - Vida & Obra** – José A. Giannotti
246.**Gênesis**
247.**Unidos para sempre** – Ruth Rendell
248.**A arte de amar** – Ovídio
249.**O sono eterno** – Raymond Chandler
250.**Novas receitas do Anonymus Gourmet** – J. A. Pinheiro Machado
251.**A nova catacumba** – Conan Doyle
252.**O Dr. Negro** – Sir Arthur Conan Doyle
253.**Os voluntários** – Moacyr Scliar
254.**A bela adormecida** – Irmãos Grimm
255.**O príncipe sapo** – Irmãos Grimm
256.**Confissões** *e* **Memórias** – H. Heine
257.**Viva o Alegrete** – Sergio Faraco
258.**Vou estar esperando** – R. Chandler
259.**A senhora Beate e seu filho** – Schnitzler
260.**O ovo apunhalado** – Caio Fernando Abreu
261.**O ciclo das águas** – Moacyr Scliar
262.**Millôr Definitivo** – Millôr Fernandes
263.**O foguete da morte** – Ian Fleming
264.**Viagem ao centro da terra** – Júlio Verne
265.**A dama do lago** – Raymond Chandler
266.**Caninos brancos** – Jack London
267.**O médico e o monstro** – R. L. Stevenson
268.**A tempestade** – William Shakespeare
269.**Assassinatos na rua Morgue e outras histórias** – Edgar Allan Poe
270.**99 corruíras nanicas** – Dalton Trevisan
271.**Broquéis** – Cruz e Sousa
272.**Mês de cães danados** – Moacyr Scliar
273.**Anarquistas – vol. 1 – A idéia** – George Woodcock
274.**Anarquistas – vol. 2 – O movimento** – George Woodcock
275.**Pai e filho, filho e pai** – Moacyr Scliar
276.**As aventuras de Tom Sawyer** – Mark Twain
277.**Muito barulho por nada** – W. Shakespeare
278.**Elogio à Loucura** – Erasmo
280.**O chamado da floresta** – J. London
281.**Uma agulha para o diabo** – Ruth Rendell
282.**Verdes vales do fim do mundo** – A. Bivar
283.**Ovelhas negras** – Caio Fernando Abreu
284.**O fantasma de Canterville** – O. Wilde
285.**Receitas de Yayá Ribeiro** – Celia Ribeiro
286.**A galinha degolada** – H. Quiroga
287.**O último adeus de Sherlock Holmes** – Arthur Conan Doyle
288.**A. Gourmet** *em* **Histórias de cama & mesa** – J. A. Pinheiro Machado
289.**Topless** – Martha Medeiros
290.**Mais receitas do Anonymus Gourmet** – J. A. Pinheiro Machado
291.**Origens do discurso democrático** – Donaldo Schüler
292.**Humor politicamente incorreto** – Nani
293.**O teatro do bem e do mal** – E. Galeano
294.**Garibaldi & Manoela** – J. Guimarães
295.**10 dias que abalaram o mundo** – John Reed
296.**Numa fria** – Charles Bukowski
297.**Poesia de Florbela Espanca** vol. 1
298.**Poesia de Florbela Espanca** vol. 2
299.**Escreva certo** – É. Oliveira e M. E. Bernd
300.**O vermelho e o negro** – Stendhal
301.**Ecce homo** – Friedrich Nietzsche
302.**Comer bem, sem culpa** – Dr. Fernando Lucchese, A. Gourmet e Iotti
303.**O livro de Cesário Verde** – Cesário Verde
304.**O reino das cebolas** – C. Moscovich
305.**100 receitas de macarrão** – S. Lancellotti
306.**160 receitas de molhos** – S. Lancellotti
307.**100 receitas light** – H. e Â. Tonetto

308.**100 receitas de sobremesas** – Celia Ribeiro
309.**Mais de 100 dicas de churrasco** – Leon Diziekaniak
310.**100 receitas de acompanhamentos** – Carmem Cabeda
311.**Honra ou vendetta** – S. Lancellotti
312.**A alma do homem sob o socialismo** – Oscar Wilde
313.**Tudo sobre Yôga** – Mestre De Rose
314.**Os varões assinalados** – Tabajara Ruas
315.**Édipo em Colono** – Sófocles
316.**Lisístrata** – Aristófanes/ trad. Millôr
317.**Sonhos de Bunker Hill** – John Fante
318.**Os deuses de Raquel** – Moacyr Scliar
319.**O colosso de Marússia** – Henry Miller
320.**As eruditas** – Molière/ trad. Millôr
321.**Radicci 1** – Iotti
322.**Os Sete contra Tebas** – Ésquilo
323.**Brasil Terra à Vista** – Eduardo Bueno
324.**Radicci 2** – Iotti
325.**Júlio César** – William Shakespeare
326.**A carta de Pero Vaz de Caminha**
327.**Cozinha Clássica** – Sílvio Lancellotti
328.**Madame Bovary** – Gustave Flaubert
329.**Dicionário do viajante insólito** – M. Scliar
330.**O capitão saiu para o almoço...** – Bukowski
331.**A carta roubada** – Edgar Allan Poe
332.**É tarde para saber** – Josué Guimarães
333.**O livro de bolso da Astrologia** – Maggy Harrissonx e Mellina Li
334.**1933 foi um ano ruim** – John Fante
335.**100 receitas de arroz** – Aninha Comas
336.**Guia prático do Português correto** – Cláudio Moreno
337.**Bartleby, o escriturário** – H. Melville
338.**Enterrem meu coração na curva do rio** – Dee Brown
339.**Um conto de Natal** – Charles Dickens
340.**Cozinha sem segredos** – J.A.P. Machado
341.**A dama das Camélias** – A. Dumas Filho
342.**Alimentação saudável** – H. e Â. Tonetto
343.**Continhos galantes** – Dalton Trevisan
344.**A Divina Comédia** – Dante Alighieri
345.**A Dupla Sertanojo** – Santiago
346.**Cavalos do amanhecer** – Mario Arregui
347.**Biografia de Vincent van Gogh por sua cunhada** – Jo van Gogh-Bonger
348.**Radicci 3** – Iotti
349.**Nada de novo no front** – Eric M. Remarque
350.**A hora dos assassinos** – Henry Miller
351.**Flush - Memórias de um cão** – Virginia Woolf
352.**A guerra no Bom Fim** – M. Scliar
353(1).**O caso Saint-Fiacre** – Simenon
354(2).**Morte na alta sociedade** – Simenon
355(3).**O cão amarelo** – Simenon
356(4).**Maigret e o homem do banco** – Simenon
357.**As uvas e o vento** – Pablo Neruda
358.**On the road** – Jack Kerouac
359.**O coração amarelo** – Pablo Neruda
360.**Livro das perguntas** – Pablo Neruda
361.**Noite de Reis** – William Shakespeare
362.**Manual de Ecologia** – vol.1 – J. Lutzenberger
363.**O mais longo dos dias** – Cornelius Ryan
364.**Foi bom prá você?** – Nani
365.**Crepusculário** – Pablo Neruda
366.**A comédia dos erros** – Shakespeare
367(5).**A primeira investigação de Maigret** – Simenon
368(6).**As férias de Maigret** – Simenon
369.**Mate-me por favor (vol.1)** – L. McNeil
370.**Mate-me por favor (vol.2)** – L. McNeil
371.**Carta ao pai** – Kafka
372.**Os Vagabundos iluminados** – J. Kerouac
373(7).**O enforcado** – Simenon
374(8).**A fúria de Maigret** – Simenon
375.**Vargas, uma biografia política** – Hélio Silva
376.**Poesia reunida (vol.1)** – Affonso Romano de Sant'Anna
377.**Poesia reunida (vol.2)** – Affonso Romano de Sant'Anna
378.**Alice no país do espelho** – Lewis Carroll
379.**Residência na Terra 1** – Pablo Neruda
380.**Residência na Terra 2** – Pablo Neruda
381.**Terceira Residência** – Pablo Neruda
382.**O delírio amoroso** – Bocage
383.**Futebol ao sol e à sombra** – E. Galeano
384(9).**O porto das brumas** – Simenon
385(10).**Maigret e seu morto** – Simenon
386.**Radicci 4** – Iotti
387.**Boas maneiras & sucesso nos negócios** – Celia Ribeiro
388.**Uma história Farroupilha** – M. Scliar
389.**Na mesa ninguém envelhece** – J. A. Pinheiro Machado
390.**200 receitas inéditas do Anonymus Gourmet** – J. A. Pinheiro Machado

Coleção L&PM POCKET / SAÚDE

1.**Pílulas para viver melhor** – Dr. Fernando Lucchese
2.**Pílulas para prolongar a juventude** – Dr. Fernando Lucchese
3.**Desembarcando o Diabetes** – Dr. Fernando Lucchese
4.**Desembarcando o Sedentarismo** – Dr. Fernando Lucchese e Cláudio Castro
5.**Desembarcando a Hipertensão** – Dr. Fernando Lucchese